いまと未来を読み解く！

# 新 地政学入門

監修
佐藤 優



Gakken

# 「地政学」を身につけておくべき 3つの理由

**私たちが地政学を学ぶ意義はどこにあるのでしょうか？
また、地政学的な視点で各国や地球全体を分析することは、
ビジネスシーンにおいてどのようなメリットがあるのでしょう？**

## 1 各国の思惑や世界情勢が見えてくる

一国の政治や経済、社会、軍事などは必ず地理的要因に何らかの影響を受けています。それゆえ、地政学を身につけることで各国の思惑はもちろん、世界全体のダイナミックな動きも見えてきます。

米中両国の台湾を巡る駆け引きとは？ ▶106ページ

地政学とは、**ある国の地理的な条件をもとに、他国との関係性や国際社会での行動を考える学問**です。たとえば、なぜ中国とアメリカは常にもめているのか、なぜ北方領土問題はこじれているのか、ウクライナを巡ってロシアとEU・アメリカは、なぜ対立しているのか……といった問題は地政学的な視点でなければ正確に分析することはできません。

その意味で、現代を生きるビジネスパーソンは、**世界情勢を理解するために地政学的な視点を持つことが必要**なのです。

## ② 状況を冷静に分析し、未来を先読みできる！

たとえば、北朝鮮は地政学的にアメリカ、中国、ロシアの重要な緩衝地帯にあります。この点を押さえておけば、今後の北朝鮮の動向をある程度予測することができるのです。

北朝鮮が強気でいられる理由とは？ ▶100ページ

## ③ 地政学的視点をビジネスに活かせる！

アメリカと中国は世界の覇権を巡って“冷戦”をくり広げています。これは世界経済にも多大な影響を与えています。つまり、地政学的な視点は、グローバルにビジネスを展開する人のみならず、すべての人が知っておくべき教養なのです。

米中はもはや「冷戦」段階ではない？
▶80、184ページ

# トランプ政権誕生で
# 世界はどう変わる？

**2024年11月の大統領選で、カムバックを果たした共和党のドナルド・トランプ大統領。ロシア・ウクライナ戦争とガザ紛争の停戦に向けた彼の動きが今注目されています。果たして、この2つの戦いを解決するための秘策を、彼は持っているのでしょうか？**

何とか
停戦を！
戦争解決に
貢献！
▶56ページ
プーチン
トランプ

2024年11月、民主党のカマラ・ハリス候補を破って、ドナルド・トランプは大統領に返り咲きました。トランプの帰還により、「ロシア・ウクライナ戦争」と「ガザ紛争」に大きな動きがあると予想されます。

ロシア・ウクライナ戦争に関しては、選挙中に「自分が当選すれば24時間以内に戦争を終わらせる」とトランプは豪語していましたが、おそらく**彼により停戦が早まるでしょう**。ガザ紛争に関しては、バイデンの休戦要請を拒否し

ここは譲歩
してくれ!
トランプ
戦争解決に
貢献!
▶56ページ
ゼレンスキー

## 国際協調よりも二国間交渉を重視するトランプ外交

トランプはNATO(北大西洋条約機構)やWTO(世界貿易機関)などの多国間同盟よりも2国間での直接的な外交を好みます。自国の利益を優先するトランプの姿勢は、ロシアや中国、北朝鮮などの強権(独裁)主義国家との親和性が極めて高いのです。 (詳しくは56ページ)

てきたイスラエル首相のネタニヤフも、**友好関係にあるトランプの声には耳を傾けるかもしれません。**

民主党のバイデンのように西側的な民主主義の理念を他国に押し付けることをせず、トランプは自国の利益を第一に考えるアメリカ・ファーストを実行するでしょう。現実的な利益に基づく「取引(ディール)」を軸とするトランプの姿勢は、世界に一定の平和(恒久的ではないかもしれませんが)をもたらす可能性が高いです。

# はじめに 「地政学」を身につければ、各国の思惑が見えてくる！

「地政学」とは、その国がどこにあるのか、どんな海と山に囲まれているのか、資源は豊かなのか、気候は穏やかなのか、どんな川が流れているのか、どのような民族が暮らしているのか——といった**地理的要素から、その国の政治や外交、行動原理などを読み解く学問**です。

あの国はなぜ、あんな行動に出たのだろう？　どうして、あの国と敵対しているのだろう？　あの国が宣戦を布告した理由は？　あの国の暴動は、なぜ長期化しているのだろう？……このような疑問を、地図から読み解いていくのです。

ICT（情報通信技術）の飛躍的な進歩やインフラの発達などにより、複雑な情報社会となった今、**地政学は複雑ではない、数少ない見直されるべき学問**です。なぜなら、**対象とする国のイデオロギーは変わっても、その地理的要素は**

**大きく変わることがないから**です。

たとえば、イギリスのハルフォード・マッキンダーが著した『デモクラシーの理想と現実』という本は、100年以上経った今でも十分興味深く、面白く読むことができます。もちろん、そこに記された国名や交通事情、インフラなどは様変わりしていますが、その国が置かれた地理的要素は今も変わりません。だからこそ、複雑な情報に惑わされて見逃していたこと、地図を眺めて改めて気づくことなどがたくさん載っている〝地政学の教科書〟となっているのです。

複雑な情報を一度頭から取り払って、地理的要素から物事を考えてみませんか？　**世界の動きや国際政治の思惑が見えてくる「地政学」は、ビジネスにもプライベートにも生かせる唯一無二の学問**なのですから。

佐藤　優

Introduction 1

# イスラエルの孤立化が核戦争を招く？

破壊されたイスラエルの戦車で国旗を振って歓喜の雄叫びを上げているパレスチナ人。

イスラエルの攻撃で瓦礫の山になったガザ地区の病院。

冷戦終結から30年以上経過した現在、世界情勢は新たなフェーズに入っています。それは「第三次世界大戦前夜」とも呼べる状況です。その引き金になる可能性が高いのがガザ紛争です。

2023年10月、**パレスチナ自治区のガザ地区を実効支配するイスラム過激派組織ハマスがイスラエルを襲撃したことに端を発するガザ紛争**において、イスラエルは現在もハマスの掃討を行っています。さらに、

## レバノンの政府によるヒズボラとイスラエルとの停戦は本物か？

2024年11月、イスラエルとイスラム過激派組織ヒズボラとの戦闘を巡り、イスラエル・レバノン両政府がアメリカとフランスの仲介により、停戦に合意しました。この停戦合意を疑問視する声も多いですが、多少の小競り合いがあっても、ヒズボラは基本的に停戦に従わざるをえないと予想されます。今回の停戦合意には、イスラエルとの全面戦争を避けたい、ヒズボラの後ろ盾であるイランの意向が強く働いているからです。 （詳しくは136ページ）

イスラエルは隣国レバノン国境付近で、ヒズボラと本格的な戦闘を展開するようになり、イエメン北部を拠点とするフーシ派はイスラエルへの攻撃を行っています。

ハマスとヒズボラ、フーシ派の黒幕はイランです。イスラエルがこのまま反イスラエル陣営に囲まれ窮地に陥ることになれば、イスラエルとイランとの間で核戦争が起き、それにより第三次世界大戦に発展する可能性があります※。

※イスラエルが核兵器を持っているのは公然の秘密であり、イランにも核兵器保有の疑惑があります。

Introduction 2

# 北朝鮮・イランとの結びつきを強めるロシア

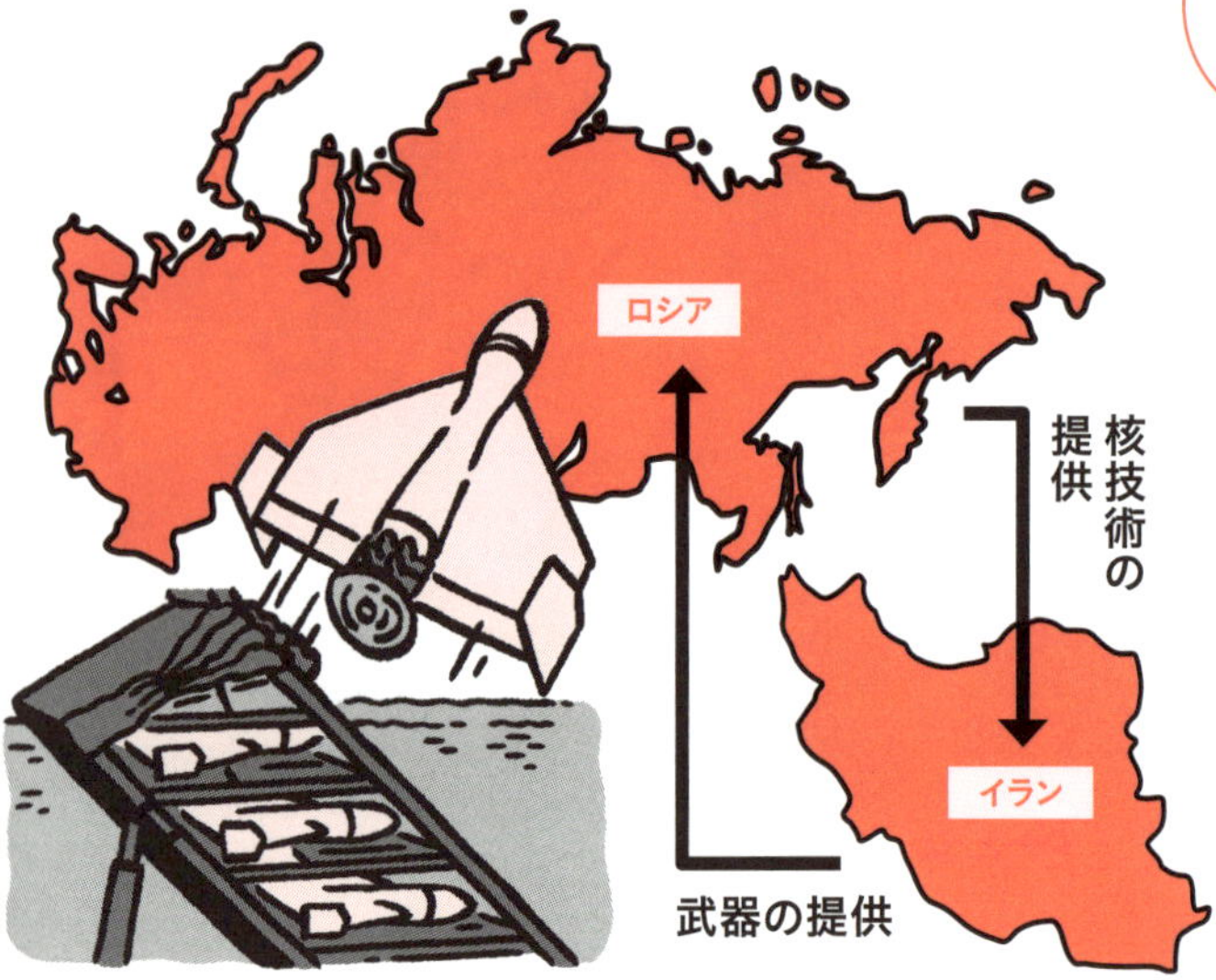


## ウクライナ戦争が東アジアの平和に与える影響

ロシアの極超音速ミサイル技術が北朝鮮へ供与されており、東アジアのパワーバランスが崩れるおそれがあります。日本はこれまでより、北朝鮮の脅威にさらされることになるでしょう。その解決策とは?

(詳しくは178ページ)

2022年2月のロシアの突然のウクライナ侵攻によって始まったロシア・ウクライナ戦争。2024年12月現在に至っても停戦の糸口は見えていません。

ロシアはウクライナが西側諸国を味方につけていることに対抗して、**イランや北朝鮮などの反米枢軸に接近**。イランはロシアに無人航空機などの兵器を輸出し、北朝鮮は1万人以上の自国の兵士を2024年10月に派遣してロシアを支援しています。

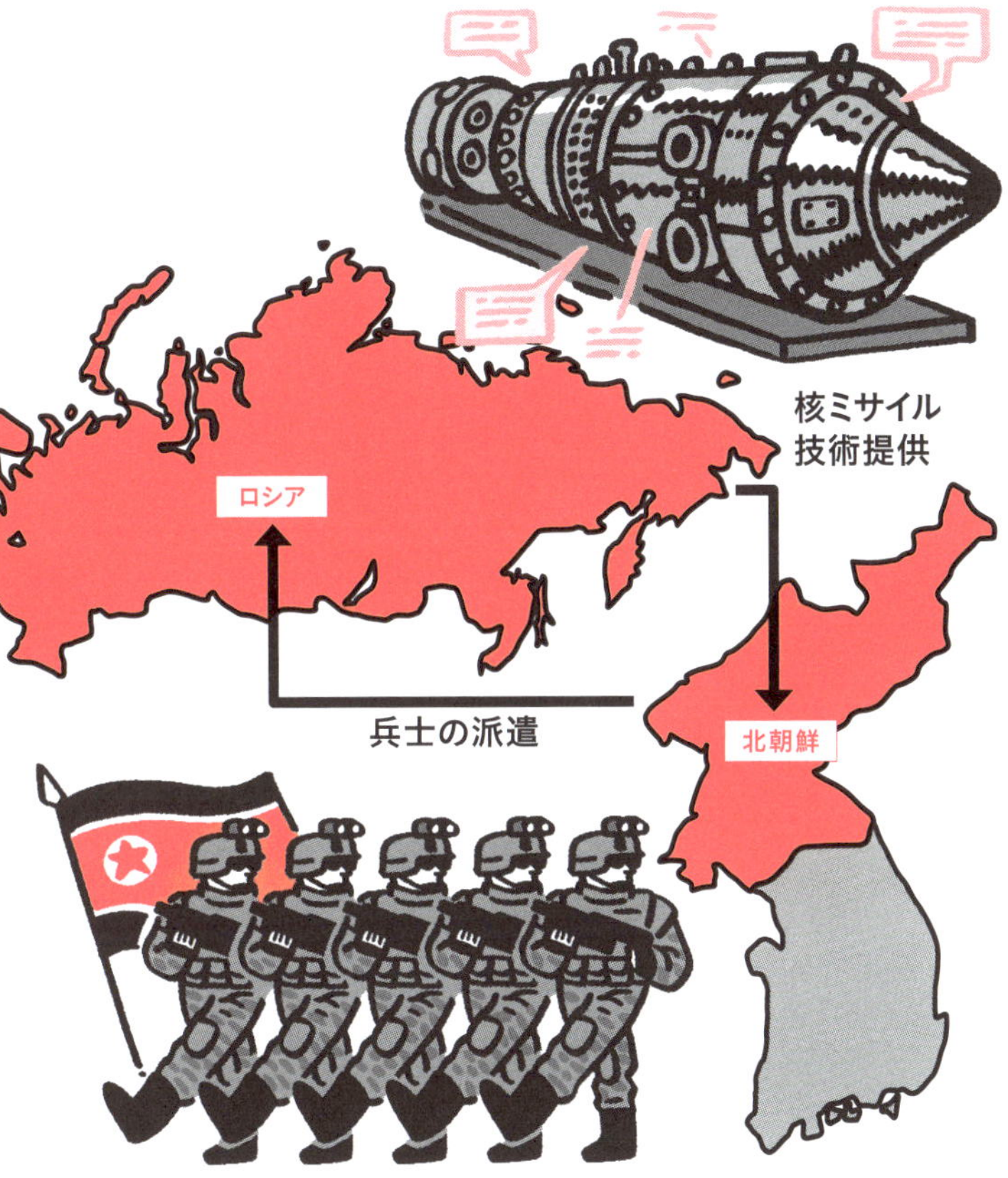


こうなってくると、アメリカ・イギリス・ドイツなどの西側の自由主義国家とロシア・イラン・北朝鮮などの強権的反自由主義国家との対立が深まるばかりです。加えて、ロシアは核を保有しています。戦局が不利になれば核攻撃を行う可能性もあり、また、北朝鮮も核兵器を保有しているとされています。**ロシア・ウクライナ戦争の影響が北朝鮮を介して、東アジアの日本にまで波及する可能性**も考えられるのです。

Introduction
3

# シリア内戦に大きな動きが！

## 非スンニ派vsスンニ派の内戦に近隣諸国＋米ロ、ISが続々と介入

内戦の泥沼化は、5ヵ国と国境を接するシリアの地政学的特性が大きな原因となっています。特に近隣のトルコとイランが、それぞれの思惑によって積極的な介入を続けています。しかし、2024年12月、その構図に大きな変化が？

（詳しくは140ページ）

２０１１年、アサド大統領親子による独裁政権が続くシリアで、アラブ諸国に巻き起こった民主化運動「アラブの春」を契機に、政府に弾圧されてきたスンニ派（イスラム教の最大宗派）の人々が抗議行動を開始し、**シーア派**※**を主とする政府軍との内戦が勃発。**

**政府側を支援するイラン・ロシア対反政府側を支援するトルコ及び西側諸国という構図も認められ、代理戦争**の様相を呈しています。

※スンニ派に次ぐイスラム教の宗派

Introduction 4

# 台湾有事は起きるのか？

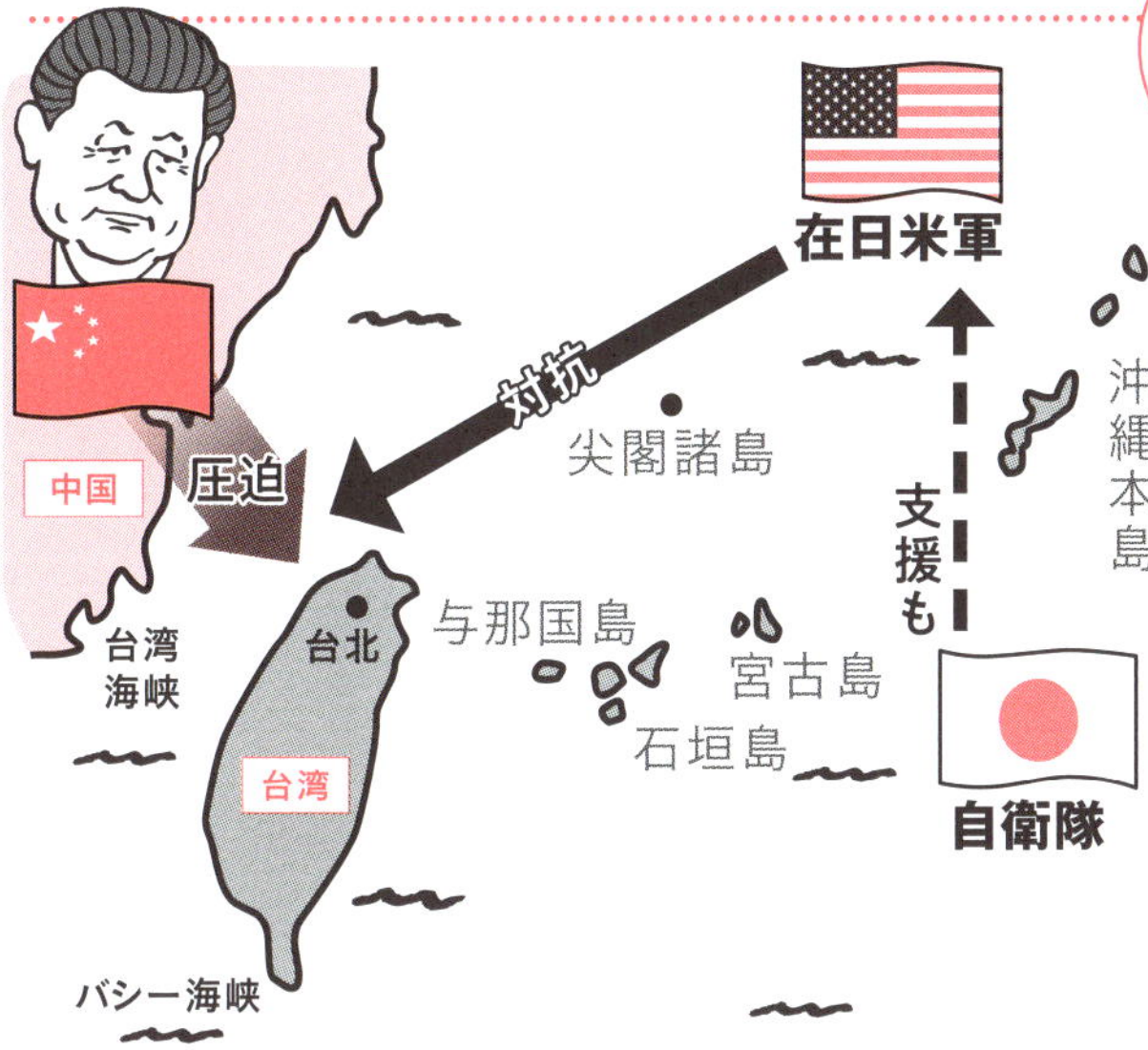


## 中国が台湾に侵攻する理由はあるが実施するには様々なハードルが！

台湾有事に関しては識者により意見が分かれます。台湾は南沙諸島と同様に中国にとっては海洋に進出するための重要なチョークポイントです。しかし、経済的にも地政学的にも台湾侵攻に踏み切れない事情があるのです。（詳しくは106ページ）

ランドパワーの中国がシーパワーを持つに至り、俄然注目されているのが、**台湾への侵攻があるかどうか**です。2021年にアフガニスタンから撤退したように、アメリカはもはや世界の警察としての役割を果たせないくらい弱体化しています。今は自国の内政で精一杯の状況です。

そんな中、中国がもしも台湾に侵攻した場合、**矢面に立つのは日本の沖縄です。**今後、日本の舵取りが重要になってきます。

Introduction
5

# 中国による香港の言論弾圧が激化

## 一国二制度が事実上崩壊した「一帯一路」構想の重要拠点

**1997年の香港返還以降、国際社会に約束した「一国二制度」を揺るがす「香港国家安全維持法」を成立させた中国。しかし、この法律により、香港経済は衰退の道を歩むことになるのです。** (詳しくは68ページ)

2020年6月、中国全人代は、香港に認めてきた集会や表現の自由、独立した司法、民主的権利などを制限する**「香港国家安全維持法」**を可決しました。

同年8月、香港の民主運動家の周庭《しゅうてい》氏らが同法違反の疑いで逮捕されるなど、**中国が保証してきた「一国二制度」**を土台にした自由・民主主義が崩壊に向かっています。また、こうした事態は2024年12月現在、香港経済にも影響を及ぼしています。

Introduction 6

# ミャンマーで軍事クーデター

## アジアの小国で起きた政変に中ロvs西側諸国の思惑が交錯

民主化に逆行する軍事政権に対して、経済制裁を実行したい西側諸国。しかし、国連の常任理事国である両大国・ロシアと中国の反対により、制裁はいまだ実現していません。その理由とは？ （詳しくは114ページ）

2021年2月、ミャンマー国軍は、民主化の象徴であるアウン・サン・スー・チー国家顧問兼外相ら政府首脳45人以上の身柄を拘束し、**全土に非常事態宣言を発令**。国軍トップのフライン総司令官がすべての国家権限を掌握しました。

以降、国内では**スー・チーらの解放や民主化の復活を求める大規模デモ**が頻発。軍・警察による抑圧・弾圧により、今も多くの国民の命と生活が危機にさらされています。

Introduction 7

# アフガニスタン全土をタリバンが制圧

## ソ連軍、米軍を撤退させたアフガニスタンの"地政学的"強み

20年に及ぶ"アメリカ史上最長の戦争"の末、撤退に追い込まれた米軍。世界最大・最強の米軍を苦しめたのは、国土の約4分の3を占める険しい山岳地帯で、タリバンが展開したゲリラ戦でした。（詳しくは144ページ）

２０２１年8月、アフガニスタンに駐留していたアメリカ軍が撤退を始める中、首都カブールを制圧した**イスラム主義武装勢力タリバン**が**勝利宣言**を行い、暫定政権を樹立しました。

カブール空港などには、20年ぶりに復権したタリバンによる圧政の再来を恐れ、国外脱出を望むアフガニスタン市民が殺到。その後、タリバン政権は女性の権利を制限し、公開処刑を復活させるなど、国民への抑圧を強めています。

# 中国が南沙諸島に人工島建設

## シーパワー国家への第一歩として太平洋への出口を確保したい中国

南沙諸島は、“ランドパワー国家”中国が海洋へ出るための第一歩となる重要なマージナルシー（縁海）です。それを食い止めたい“シーパワー国家”アメリカとの駆け引きが、この海域で展開されています。　（詳しくは62ページ）

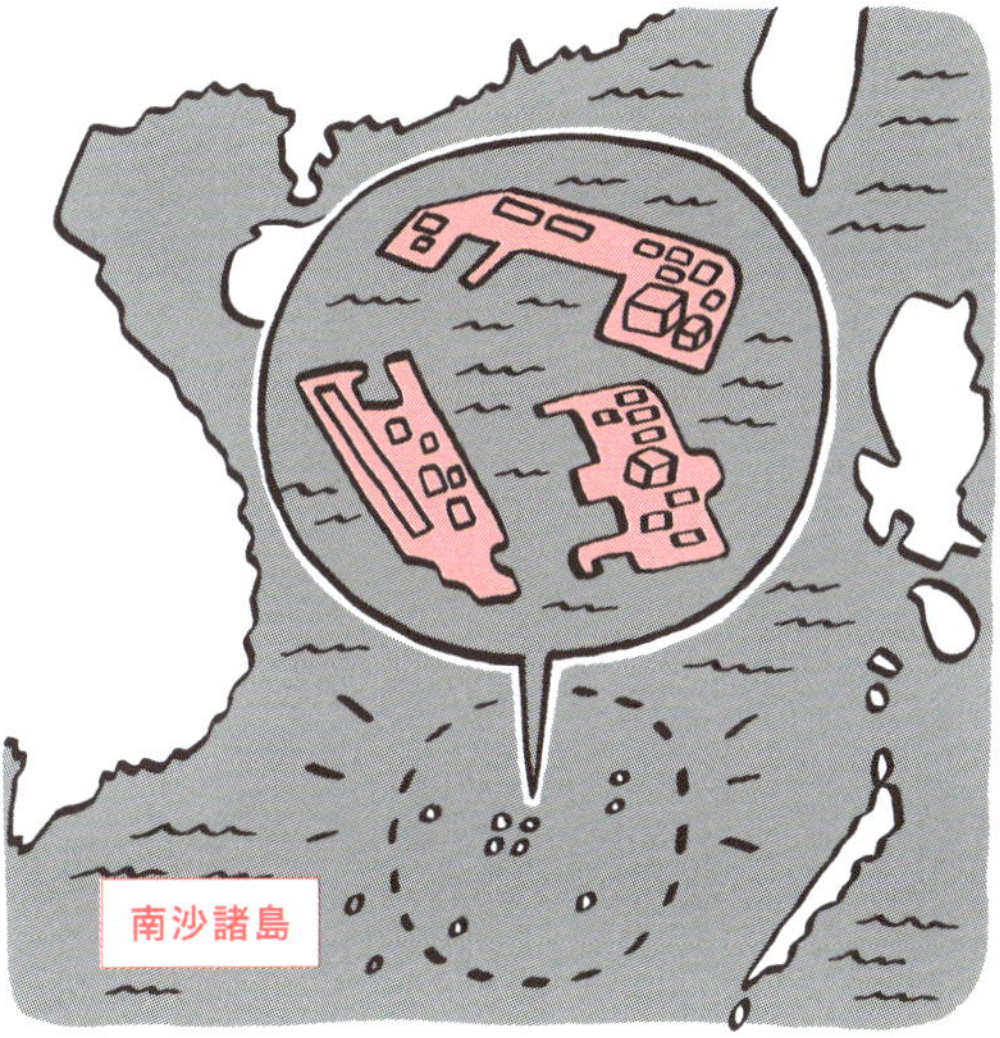


南シナ海南部に位置し、中国、ベトナム、台湾など6ヵ国・地域が領有を主張する**南《なん》沙《さ》諸島の実効支配を、中国が着々と進めています。**

2014年以降、立て続けに7つの人工島が確認され、地図を描き替える行為として国際社会からの非難を浴びながらも、滑走路を含む軍事施設の建設工事を続行しているのです。これに対して、アメリカは2023年にフィリピンでの基地使用権を拡大するなど、**中国を強く牽制しています。**

目次



## Introduction 地政学でわかる！ 世界の紛争・事件の本当の理由

## Part 1 これだけは知っておきたい! 地政学のキホン

※本書は、2022年3月に弊社より刊行されました『佐藤優の地政学入門』を大幅増補・改訂、改題の上、新装版として書籍化したものです。本書の内容は2025年1月現在のものです。

Part 2

## アメリカ・中国・ロシア　大国の戦略

Part 3

# 地政学で読み解く 日本とアジアのリアル

Part 1

これだけは知っておきたい！

# 地政学のキホン

地理学と政治学をあわせた学問が「地政学」です。歴史上の戦争や近年多発する地域紛争を読み解く上で地政学は大きな武器になります。本パートでは「リムランド」「ハートランド」「ランドパワー」「シーパワー」……などのキーワードを軸に、地政学の基本的な概念を説明していきます。

地理的条件が
その国の
政治・軍事・社会
に影響を与える

＋

地理は大きく
変化することは
ない

つまり

**地政学を学べば、**
**世界と政治を**
**最もシンプルに**
**理解することができる！**

地政学のキホン①

# 「地政学」を知ると世界の裏側が見えてくる

## 地理学と政治学を組み合わせた造語

地政学（Geopolitics／ジオポリティクス）とは、地理学（Geography／ジオグラフィ）と政治学（Politics／ポリティクス）を組み合わせた造語で、**地理的な条件がその国の政治や経済、軍事・安全保障戦略などにどのような影響を与えているのか**——を考察する学問のことです。

たとえば、海に囲まれた日本やイギリスのような島国（海洋国家）と、ユーラシア大陸の内陸に広がるロシアや中国などの大陸国家とでは、当然ながら外交・軍事・安全保障・外交政策などに関する基本姿勢が大きく異なります。地政学は、その国の外交政策を、地理的条件によって説明しようとする学問です。

一方、最近よく耳にする「地政学的リスク」とは、**特定の地域における政治・軍事・社会的な緊張の高まりが、その地域、あるいは世界全体の経済活動などに与える悪影響**のことです。

たとえば、ミャンマーのクーデターによって強権的な軍事政権が誕生すれば、ミャンマーに進出していた世界各国の企業が撤退に追い込まれ、民主化以降続いていた経済成長にストップがかかるかもしれません。ひいては東南アジア諸国、さらには世界全体の経済活動に悪影響を及ぼすかもしれないのです。これが、地政学的リスクです。

## 地政学を利用するメリット

**地理学**
Geography《ジオグラフィ》

×

**政治学**
Politics《ポリティクス》

↓

**地政学**
Geopolitics《ジオポリティクス》

＼ Point! ／

激しく移り変わる歴史の中で、地理は大きく変化しない数少ない要素。地理的条件によってその国を読み解く地政学を利用すれば、世界と政治を最もシンプルに理解することができる。

## 今起きている主な「地政学的リスク」

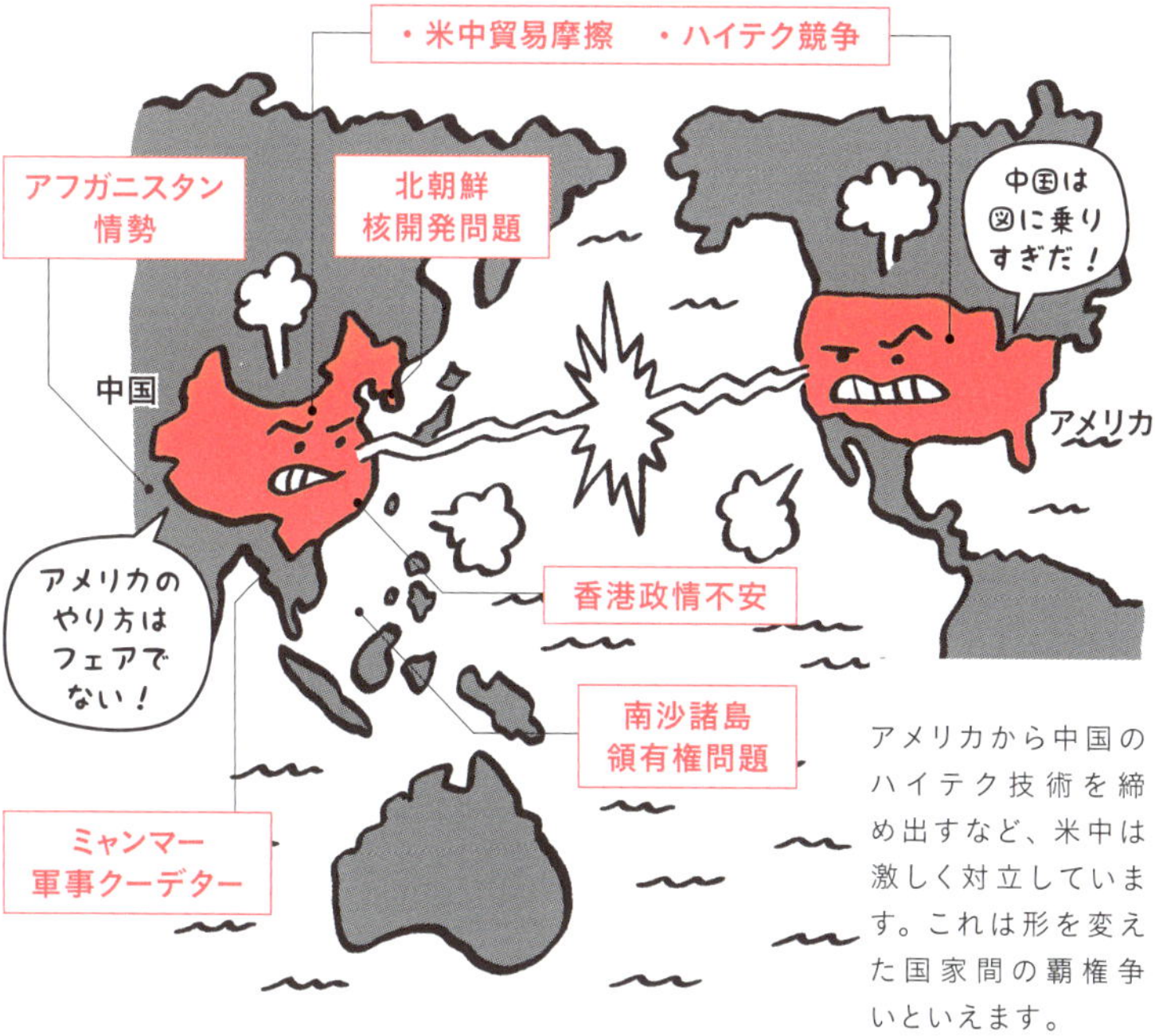


アメリカから中国のハイテク技術を締め出すなど、米中は激しく対立しています。これは形を変えた国家間の覇権争いといえます。

侵略を正当化する恐ろしい理論!?

地政学のキホン②

# ナチスの“御用学問”となった地政学

## ヒトラーが採り入れた〝ドイツ系地政学〟

「地政学」という言葉は、スウェーデンの政治学者**ルドルフ・チェレーン**が、第一次世界大戦中の1916年に発表した『生命体としての国家』という論文の中で初めて登場しました。チェーレンは、国家は隣接国と生命圏を競い合う有機体（生物）であるとする「**国家有機体説**」を発展させ、「生物である国家は、生命の維持に必要な（エネルギー）資源を獲得しなくてはならない」と主張。自らの論理を**「地政学」**と名づけたのです。

さらに、ドイツの元軍人で地理学者の**カール・ハウスホーファー**がこの説を継承し、「国家が、その国力に応じた資源を得るための領土『**生存圏**』を獲得しようとするのは当然の権利である」「国家が発展するためには『生存圏』以外に『経済的支配地域』の確立が必要である」とミュンヘン大学で講義しました。

その教え子の一人で、後にナチス副総裁となるルドルフ・ヘスは、アドルフ・ヒトラーにハウスホーファーを紹介。ヒトラーは、ハウスホーファーの地政学をナチスの〝御用学問〟とし、侵略政策の合理化・正当化に利用しました。〝ナチスの聖典〟と呼ばれるヒトラーの著書『我が闘争』には、ハウスホーファーの影響が随所に見られます。

## 国家有機体説を発展させた地政学

Key point!

### ラッツェルの国家有機体説

チェーレンが発展させた国家有機体説を提唱したのは、ドイツの地理学者・生物学者のフリードリヒ・ラッツェル(1844〜1904年)です。その著書『政治地理学』で「国家は有機体であり、国境は国家の成長とともに変動する」と説きました。

地政学のキホン③

# ワールドアイランドとハートランド

## 世界を6地域に分類したマッキンダー

ナチスの御用学問となった地政学は、第二次世界大戦におけるドイツの敗戦によって封印されました。対して、〝現代地政学の祖〟と称されているのが、イギリスの地理学者**ハルフォード・マッキンダー**です。

マッキンダーは著書『デモクラシーの理想と現実』の中で、ユーラシア大陸とアフリカ大陸を合わせた広大な地域を「**ワールドアイランド（世界島）**」と呼び、それを①ユーラシア大陸の中心部をさす「**ハートランド（心臓地帯）**」、②「太平洋・インド洋の沿岸地帯」、③「ヨーロッパの諸半島・島々と地中海」、④「南のハートランド」、⑤「サハラ（砂漠）」、⑥「アラビア（半島）」の6つに分類しました。

①の北側を覆う北極海は、一年中ほぼ氷結しています。④は海岸近くまで高地が続き、沿岸から内陸に通じる大河が少ないため、海から閉ざされています。つまり、シーパワーで世界を制したイギリスの海軍力が及ばない大陸の最深部をハートランドと呼んだのです。

そして、特に当時のイギリスと対立していたロシアの領域であるハートランドを重視し、（その入口に位置する）「東欧を制するものがハートランドを制し、**ハートランドを制するものが世界を制する**」と主張しました。

## なぜ「ワールドアイランド」だけに注目したのか

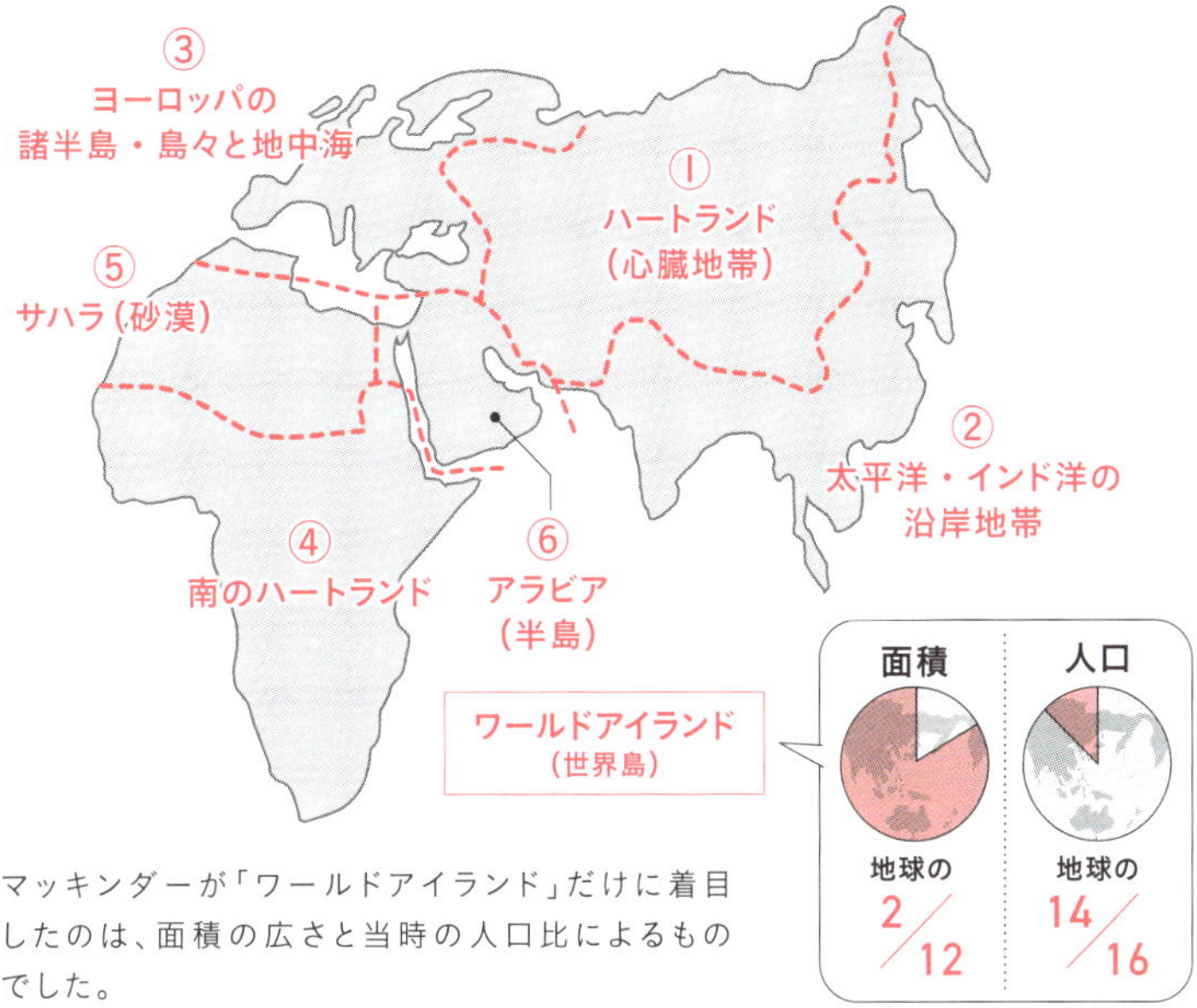


マッキンダーが「ワールドアイランド」だけに着目したのは、面積の広さと当時の人口比によるものでした。

## 「ハートランド」と呼ばれた難攻不落のロシア

19世紀のナポレオン、20世紀のヒトラーは、ハートランドであるロシアを制圧するべく奮闘しますが、地の利を生かしたロシア（ソ連）軍にどちらも苦戦し、敗退を余儀なくされました。

支配地域を拡大したい vs 交易利益を拡大したい

地政学のキホン④

# 紛争をくり返す ランドパワーとシーパワー

## ランドパワーとシーパワーそれぞれの特徴

| ランドパワー（大陸国家）の代表国 | シーパワー（海洋国家）の代表国 |
|---|---|
| ロシア（ソ連）<br>中国<br>ドイツ など | アメリカ<br>イギリス<br>日本 など |
| ・「世界島」の内陸に位置する<br>・支配領域の拡大を志向する傾向が強い<br>・陸上輸送、陸軍力に優れる | ・「世界島」の沿岸部に位置する<br>・交易による利益拡大を志向する傾向が強い<br>・海上輸送、海軍力に優れる |

アメリカは、太平洋、大西洋に長大な海岸線を有し、強力な海軍力を擁していることなどから、地政学的には「世界島」の外縁に位置する「シーパワー（海洋国家）」に分類されます。

### 支配地拡大を狙うランドパワー 交易の利益を守るシーパワー

マッキンダーは、アメリカの海軍士官**アルフレッド・マハン**が発表した『マハン海上権力史論』（▶P46）の影響を受け、世界の国々を二つに分類しました。ユーラシア大陸の内陸部に位置する「**ランドパワー（大陸国家）**」と、国境線の多くが海に囲まれた「**シーパワー（海洋国家）**」です。

国境の大半が陸にあり、陸続きで他国と接しているランドパワーの国は、侵略したりされたりという歴史を持ち、土地に対する執着から、支配地域を拡大しようとする傾向が強く見られます。鉄道や

## 対立するランドパワーとシーパワー

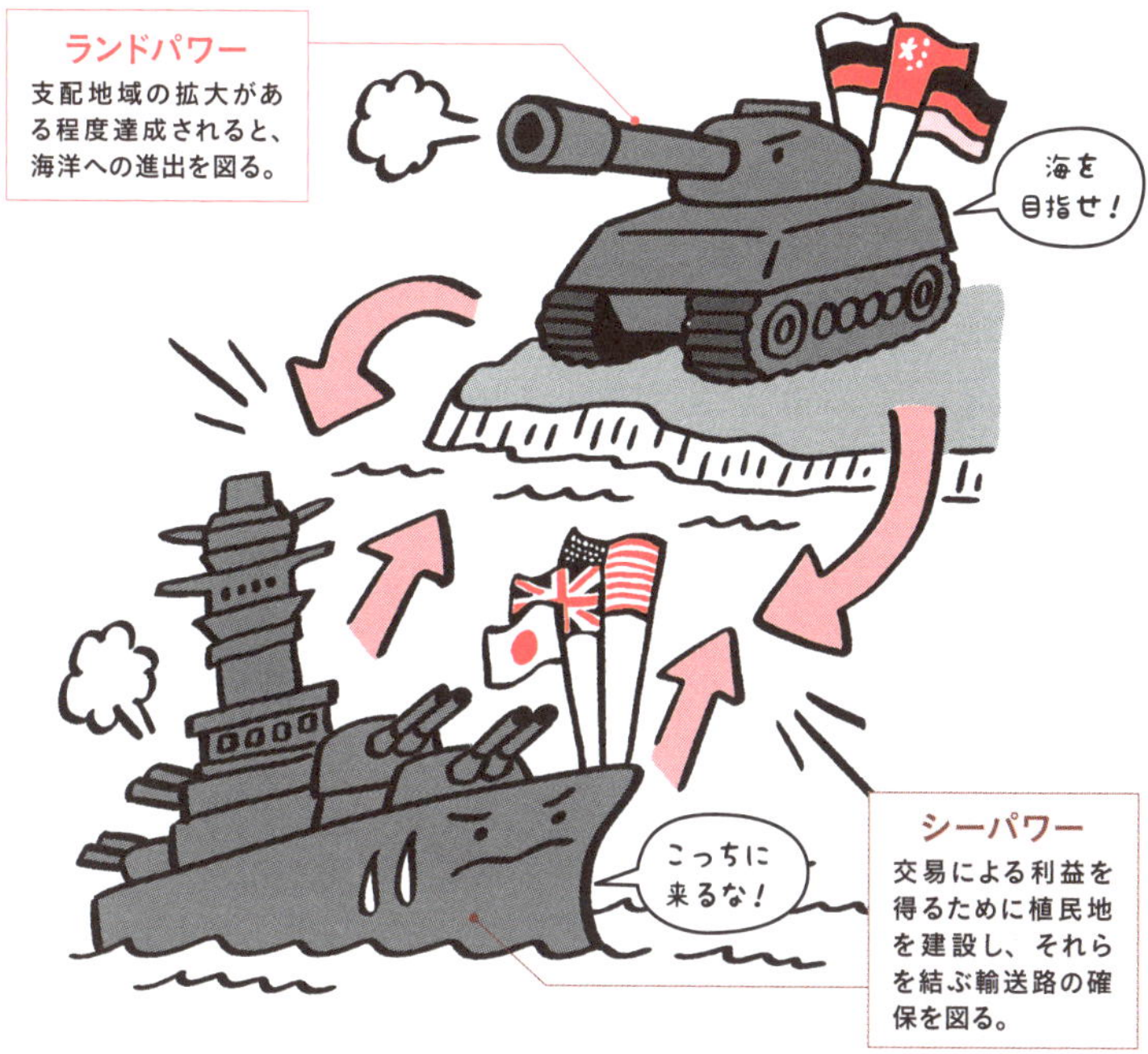
ランドパワー
支配地域の拡大がある程度達成されると、海洋への進出を図る。
海を目指せ！
シーパワー
交易による利益を得るために植民地を建設し、それらを結ぶ輸送路の確保を図る。
こっちに来るな！

支配地域を拡大したいランドパワーは、海への進出を図ります。一方、海上輸送の拠点や交易路を守りたいシーパワーはランドパワーを封じ込めようとします。ランドパワーとシーパワーは、いつの時代も常に紛争の火種を抱えているのです。

道路といった陸上輸送に優れ、国土を守るための強力な陸軍を必要とします。

一方、周囲を海に囲まれ、国境の大半が海にあるシーパワーの国は、他国から侵略された経験が少なく、土地の支配よりも交易によって得た利益を守ろうとする傾向があります。港と港をつなぐ海上輸送に優れ、商船や港湾施設を守るための強力な海軍を必要とします。

マッキンダーは、**ランドパワーとシーパワーは宿命的に対立する**性質を抱えており、両者は実際、歴史的に戦争や紛争をくり返してきたことを指摘しています。

なぜ周縁地帯が大切なのか？

地政学のキホン⑤

# リムランドとマージナルシー

## 逆さ地図で見るリムランドとマージナルシー

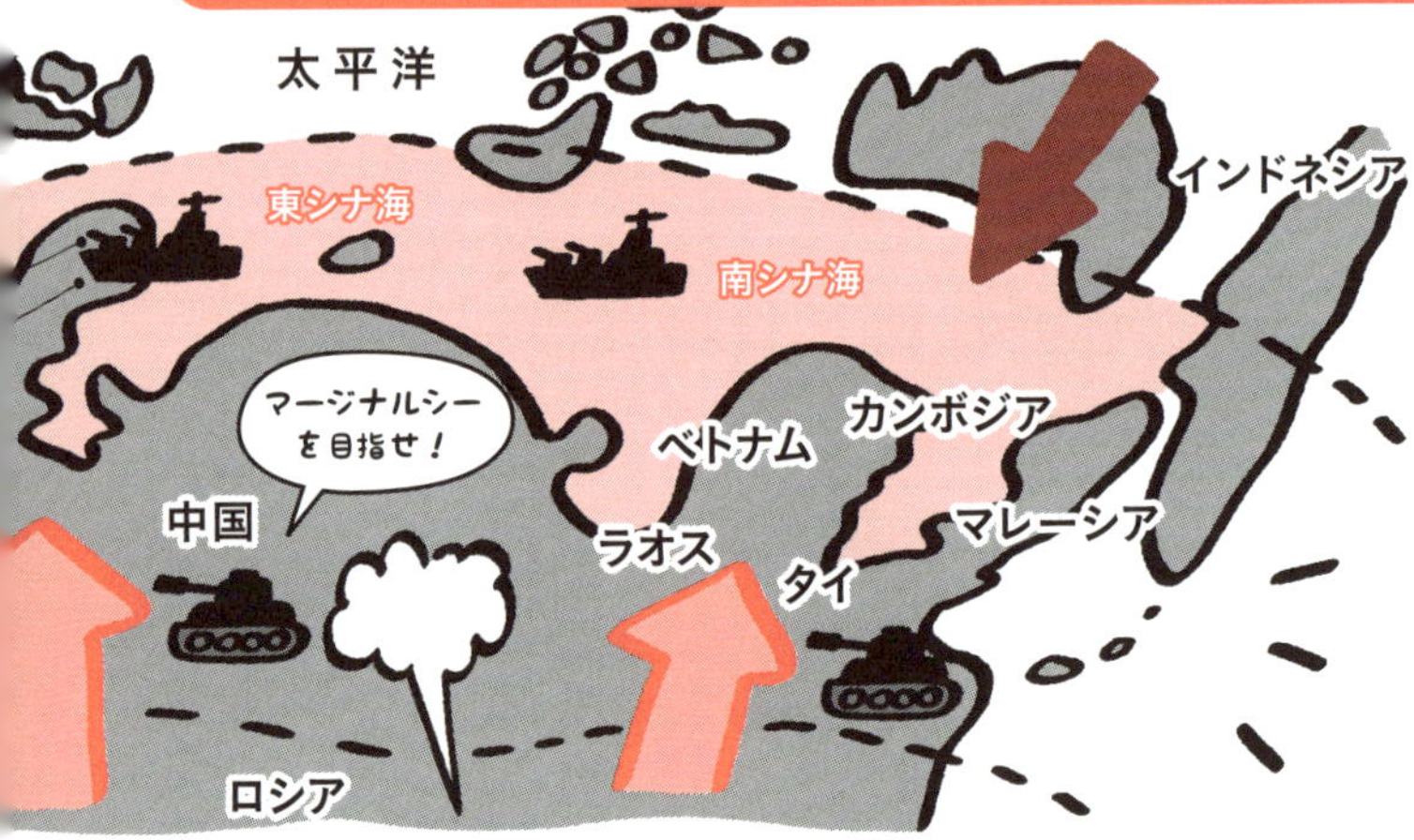


## ランドパワーとシーパワーが衝突する地域「リムランド」

「ハートランドを制するものが世界を制す」というマッキンダーの理論は**「ランドパワー理論」**と呼ばれます。これに対して、アメリカの地政学者**ニコラス・スパイクマン**が唱えたのが**「リムランド理論」**です。

スパイクマンは、第二次世界大戦中の1942年、ハートランドを取り巻くユーラシア大陸の海岸線に沿った、**ランドパワーとシーパワーとが衝突をくり返してきた地域一帯を「リムランド（周縁地帯）」と命名。**温暖湿潤な気候で人口と産業を支える国々が集中している点に注目して、

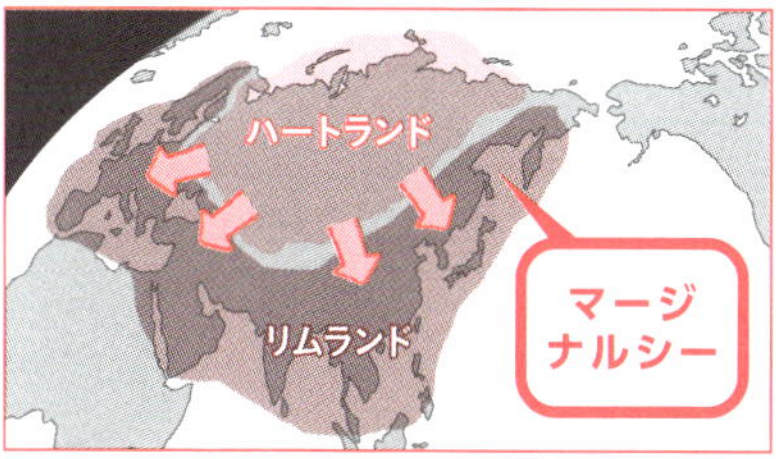


ハートランドの中心にあるロシアは18世紀以降、南下政策を取り、リムランドへの侵攻を何度も試みました。リムランドを制することで太平洋や大西洋への玄関口の確保を目指したのです。

**「リムランドを制するものがユーラシアを制し、ユーラシアを制するものが世界を制す」**と主張しました。

　スパイクマンが名付けたこのリムランドを押さえるための重要な海域が、大陸から突き出た半島や群島、列島などによって囲まれている「**マージナルシー（縁海）**」です。

　世界地図を逆さにすれば一目瞭然ですが、マージナルシーは、ランドパワーの国々が太平洋・大西洋に出るために避けては通れない海域であり、シーパワー国家からすれば、**ランドパワーの海洋進出を抑え込むためのカギとなる重要な海域**です。

シーレーン全体の支配が可能に

地政学のキホン⑥

# 相手の息の根を止めるチョークポイント

## シーレーンの要衝と大国間の緩衝地帯

シーパワーの国々にとっての生命線は、交易を安全に行うための**「海上輸送路（シーレーン）」**です。地政学では、シーレーンの中でも特に重要な要衝を「**チョークポイント**」と呼びます。チョークとは、「首を絞める」「息の根を止める」という意味で、その一点を押さえれば、シーレーン全体を支配することができるという戦略的な重要ポイントを指します。

たとえば、現在の日本は原油輸入の約9割を中東地域に依存しており、その約8割はペルシャ湾とオマーン湾をつなぐホルムズ海峡を通過して日本に到着しています。**ホルムズ海峡を押さえることは、まさに日本の「首を絞める」ことになる**わけです。

もうひとつ、近現代の世界を語るうえで押さえておきたい概念として「**バッファゾーン**」があります。ランドパワーとシーパワー、あるいは大国と大国との間に挟まれた中立地域や小国を表す言葉で、**大国と大国との緊張を緩和（緩衝＝バッファ）していること**からその名で呼ばれますが、**大国対大国の代理戦争が起きやすい地域**でもあります。

シーパワーの日本（アメリカ）とランドパワーの中国に挟まれた朝鮮半島、ロシアと西欧諸国の中間に位置する東欧諸国などがその代表例です。

## 日本のシーレーンとチョークポイント

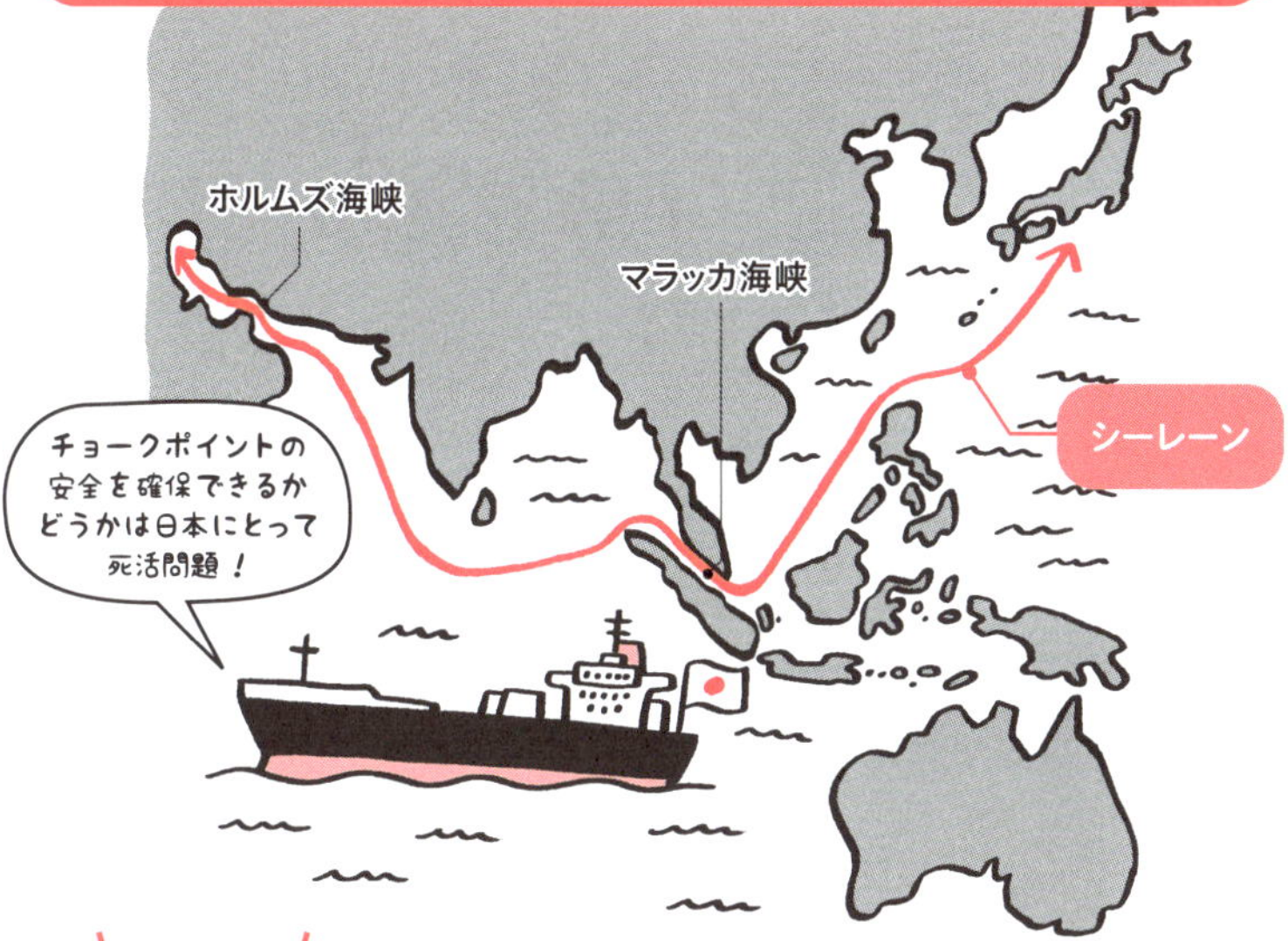


＼ Point! ／

中東地域のエネルギー資源を日本へ運ぶシーレーンは、マラッカ海峡、ホルムズ海峡というチョークポイントを通過しています。

## ソ連（ロシア）のバッファゾーン

冷戦時代のソ連は、ポーランド、東ドイツ、チェコスロバキア、ハンガリー、ルーマニア、ブルガリアを衛星国とし、西ドイツ、イタリア、ベルギー、フランスなど西側諸国とのバッファゾーンにしていました。

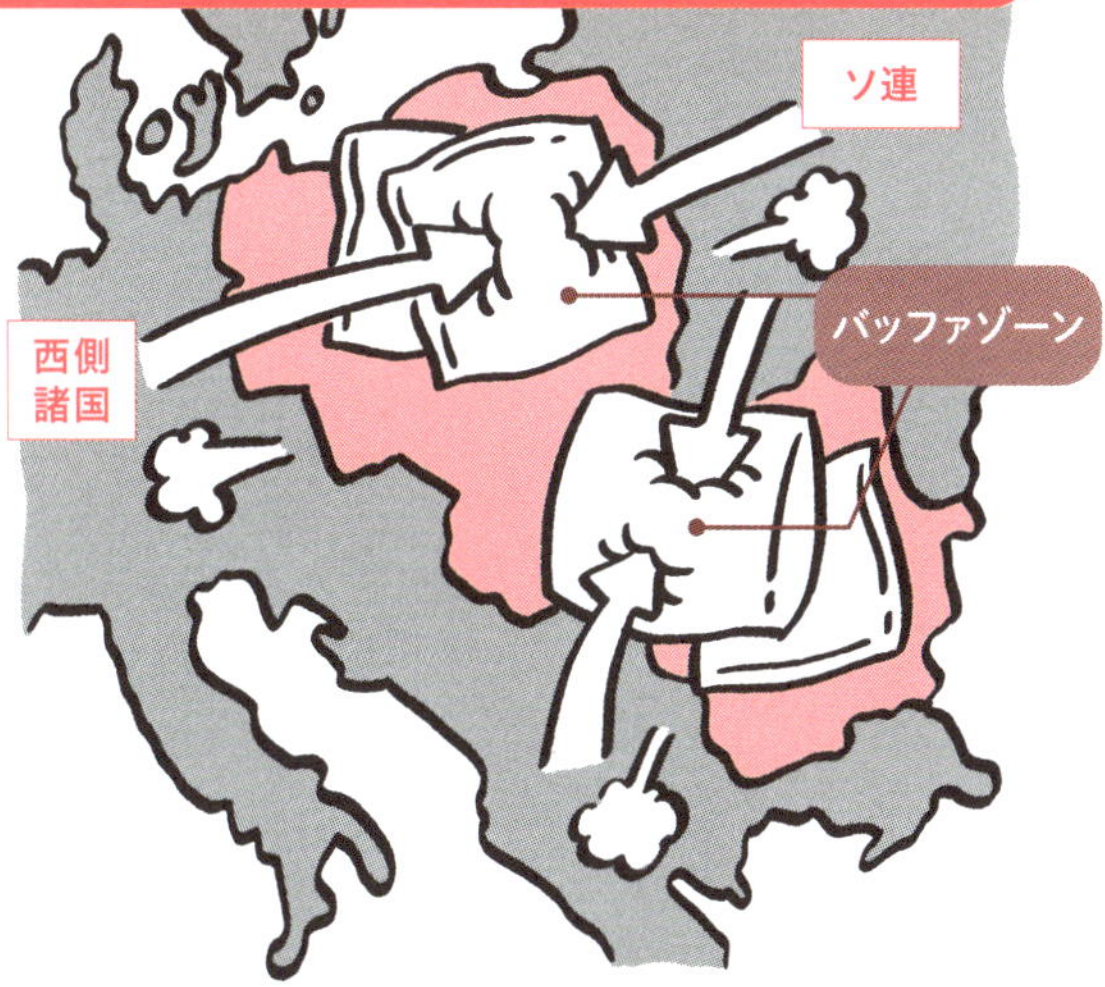

地政学のキホン⑦

# 地政学の古典『孫子』「地形篇」

## 戦術面から6つの地形を分析

孫武によってBC500年頃、中国の春秋時代に書かれた兵法書が『孫子』です。

この本は地政学の古典のひとつに数えられ、ナポレオン1世が愛読していたことでも知られています。

『孫子』は13編から成っていますが、その中でも**地政学に関わり合いが深いのが「地形篇」**で、戦場を6つの地形に大別し、説明しています。

**「通《つう》」**とは味方と敵の双方から侵攻することができる四方に通じた地形をいいます。高所を占拠すれば優位に戦えます。

**「挂《かい》」**は侵攻することはできるが、撤退するのが困難な地形。敵が守りを固めていたら不利になります。

**「支《し》」**は味方にとっても敵にとっても進行すれば不利になる地形。敵の誘いに乗って進撃しないほうがいいでしょう。

**「隘《あい》」**は道が狭い谷間の地形で、先に占拠して入口で迎え撃つのが鉄則。

**「険《けん》」**は山などの険しい地形で、高地を占拠して敵を撃ちます。

**「遠《えん》」**は両軍の陣地が遠く離れている地形で、勢力が均衡している場合は、戦うのを避けるべきと考えます。

なお、「地形篇」に続く「九地篇」では、戦場となる地域を9つの性格で分類し、敵国との位置関係などを考察しています。

## 6つの地形に応じた戦い方

### 「通《つう》」の地形

味方と敵の双方から侵攻することができる四方に通じた地形。高所を占拠できれば優位に戦える。

### 「挂《かい》」の地形

侵攻することはできるが、撤退するのが困難な地形。 敵が守りを固めていれば不利、固めていなければ有利。

### 「支《し》」の地形

味方にとっても敵にとっても進行すれば不利になる地形。敵の誘いに乗らず、誘い込めば有利。

### 「隘《あい》」の地形

道が狭い谷間の地形で、先に入口付近の空間を占拠して入口で迎え撃つのが得策。

### 「険《けん》」の地形

山などの険しい地形で、高地を占拠すれば有利に戦いを進められる。

### 「遠《えん》」の地形

両軍の陣地が遠く離れている地形で、勢力が均衡している場合は、戦うのを避けるのが得策。

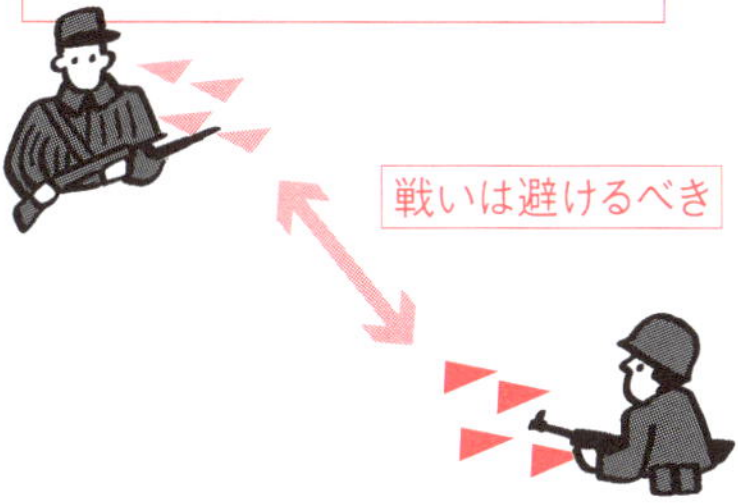

Part 2

# アメリカ・中国・ロシア 大国の戦略

現代の世界のメインプレーヤーは、アメリカ、中国、ロシアの3国です。リアルタイムで起きているアジア（台湾や南シナ海、尖閣など）、中東（シリアやガザ地区など）、ヨーロッパ（主にウクライナ）における地域紛争にはこの3国が何らかの形で関わっています。この3国を地政学的視点で分析すれば、未来の地球の姿が鮮明に浮かび上がってきます。

地球上で最も
影響力のある米・中・ロ
その動向を地政学的に
分析する

＋

今後の世界情勢を
予測することが
できる

つまり

**地政学的視点で**
**米・中・ロがどう動くかを**
**注視すれば**
**未来の世界像が見えてくる**

西部開拓は“天命”だった!?

アメリカの地政学①

# “世界最大の島国”アメリカ合衆国の誕生

## アメリカの領土拡張の歴史

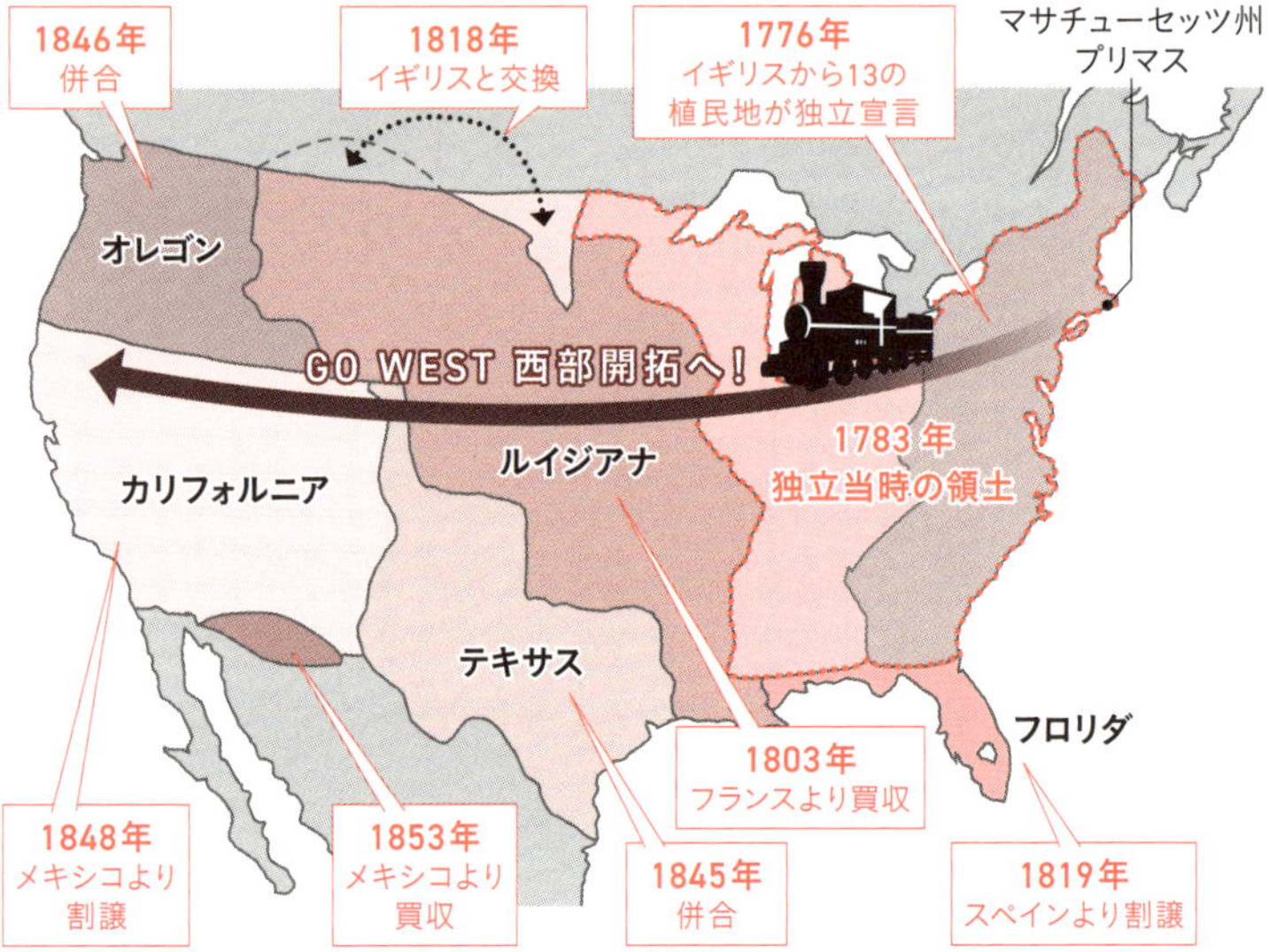
1846年
併合
1818年
イギリスと交換
1776年
イギリスから13の植民地が独立宣言
マサチューセッツ州
プリマス
オレゴン
GO WEST 西部開拓へ!
1783年
独立当時の領土
ルイジアナ
カリフォルニア
テキサス
フロリダ
1803年
フランスより買収
1848年
メキシコより割譲
1853年
メキシコより買収
1845年
併合
1819年
スペインより割譲

### 開拓を正当化した“明白なる天命”

北アメリカ大陸の中心に位置するアメリカは、太平洋と大西洋に面し、国境を接するカナダ、メキシコからの圧力が弱いため、**地政学では「島国」に分類**されています。

アメリカの歴史は、コロンブスによる〝新大陸発見〞を経て、1620年にイギリス国教会の迫害を受けたピューリタン（清教徒※）を含む102人が、信仰の自由を求め

※聖書の教えに従い、徹底した宗教改革を主張したプロテスタント諸派

## アメリカ西部開拓の根拠とは？

アメリカは、太平洋岸までの領土拡大を「マニフェスト・ディスティニー（明白なる天命）」であると正当化しました。その後、この言葉はアメリカの膨張主義、帝国主義を示す代名詞となっています。

てメイフラワー号に乗り、大西洋を渡って現在のマサチューセッツ州プリマスに到着したことに始まります。

以降、いわゆるヨーロッパから続々とやって来た移民たちは、**アメリカ先住民（インディアン）との戦いをくり広げながら領土を拡大**。1776年には東海岸に形成された13の植民地が独立を宣言、フランスからの支援を受けてイギリスとの戦争に勝利し、承認されました。

ここに誕生したアメリカ合衆国は、スペインにフロリダを譲渡させ、フランスからルイジアナを買収し、メキシコから独立したテキサスを併合。1845年以降は、先住民の土地を奪う西部開拓を**「マニフェスト・ディスティニー（明白なる天命）」**と名づけて正当化し、**太平洋岸に至る開拓事業を1890年までにほぼ終えます**。ここに至って巨大な島国がついに誕生したのです。

なぜアメリカは「海」に出たのか？

アメリカの地政学②

# ランドパワー国家からシーパワー国家へ

## マハンの「シーパワー理論」

大海軍主義を唱えたマハンの「シーパワー理論」は、アメリカの膨張政策の根拠となりました。イギリス、ドイツ、日本などにも多大な影響を与えています。

### 海を制するものが世界を制する！

マハン（▶P34）はかつてのスペインやポルトガル、当時のイギリスが強力な海軍力によって世界の覇権を握ったことに着目し、1890年に刊行した『マハン海上権力史論』の中で、海軍力だけでなく、平和的な通商と海運、それを実現させるためのシーレーンと各地の港湾施設を維持する能力を**「シーパワー」**と名づけ、アメリカが大国になるためにはそれが不可欠であると主張。世界をつなぐ**「ワールドシー」**※**を制したものが世界を制する——という「シーパワー理論」**を構築しまし

※太平洋や大西洋など

## シーパワー国家への道

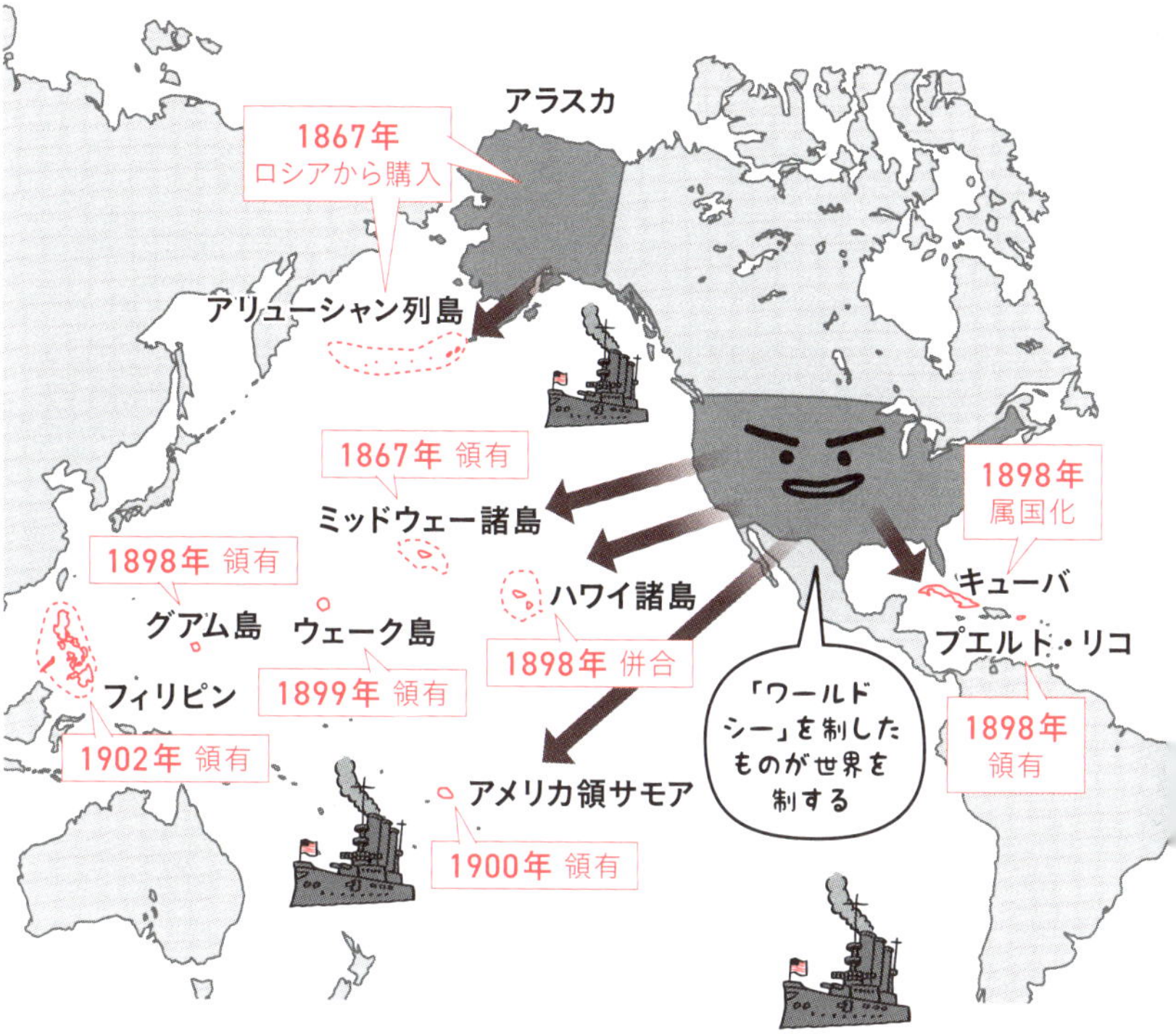


た。また、マハンは同書の中で、**「ランドパワーとシーパワーは両立しない」**とも述べています。

「海の地政学」とも呼ばれるマハンの理論は、海軍次官から大統領となったセオドア・ローズヴェルトをはじめとする政府高官に多大な影響を与えました。海軍の近代化と増強を進めたアメリカは、1898年にハワイを併合。同年の米西戦争（スペイン・アメリカ戦争）に勝利し、スペイン領だったプエルト・リコとキューバ、グアム島を支配下に置き、フィリピンの統治権を獲得するなど、**シーパワー国家への転換を果たした**のです。

アメリカの地政学③

# 着々と海洋進出を図るアメリカの戦略

## 日米開戦前夜の太平洋勢力図

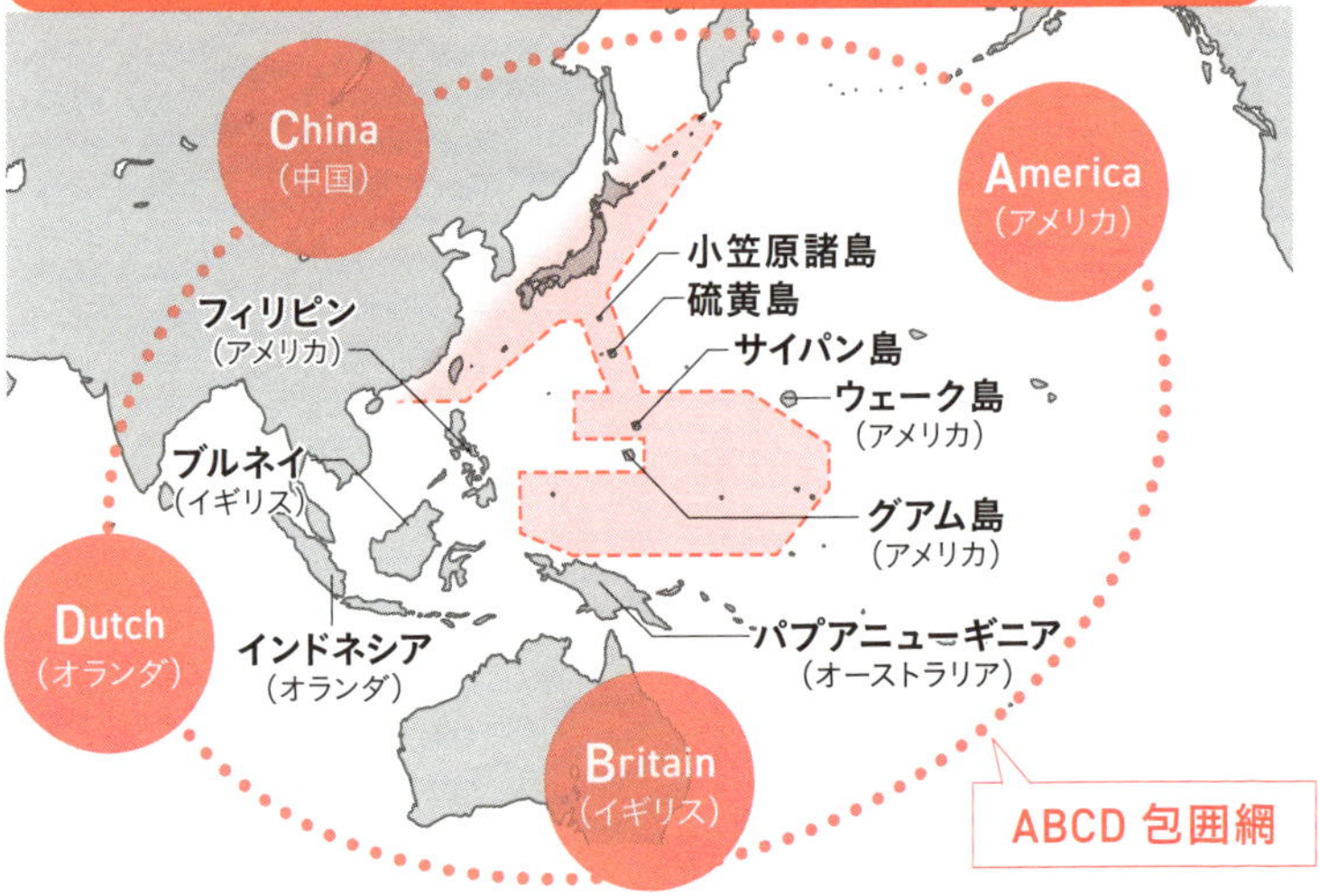


日本の膨張政策に対してアメリカが主導した経済封鎖により、資源の乏しい日本は追いつめられ、対米英開戦に踏み切らざるを得なくなりました。

## 第二次世界大戦で太平洋全域を制する

スペインとの戦争でフィリピンの統治権を得たアメリカは、1899年に建国されたフィリピン共和国を認めず、米比戦争（フィリピン・アメリカ戦争）によって**フィリピンを植民地支配**しました。

1900年には「義和団事件」鎮圧を名目に清国に出兵し、アジアへの進出を本格化させた一方、1914年に勃発した第一次世界大

## ワールドシーを制したアメリカ

太平洋への進出を企てた日本に勝利したアメリカは、第二次世界大戦で疲弊したイギリスに代わって、太平洋・大西洋地域の覇権を握りました。現在では世界約40ヵ国に500以上の基地を展開しています。

戦では中立を宣言しつつ、**1915年にハイチを、翌年にはドミニカ共和国を占領**。1917年にはドイツ軍による無制限潜水艦作戦をきっかけに第一次世界大戦に参戦し、連合国の勝利に大きく貢献しました。

第一次世界大戦後は、アジア太平洋地域での権益を急拡大させる日本への制裁を強め、ヨーロッパで第二次世界大戦が勃発すると、アメリカはイギリス・中国・オランダとともに「ABCD包囲網」を形成して日本の交易ルートを遮断。

1941年12月、日本軍が真珠湾攻撃を行うと、連合国の一員として第二次世界大戦（太平洋戦争）に参戦し、ドイツ・イタリア・日本を中心とする枢軸国を無条件降伏に追い込みました。そしてアメリカは、日本が委任統治していた太平洋の**マーシャル諸島、マリアナ諸島、カロリン諸島などを獲得した**のです。

ソ連の崩壊で唯一の超大国に！

アメリカの地政学④

# 国際秩序を維持する“世界の警察官”

## 東西冷戦の終結で唯一の超大国となる

第二次世界大戦後の1947年、アメリカのハリー・トルーマン大統領は、ソ連を核とする共産主義陣営の膨張を阻止すべく、全世界的規模での「封じ込め政策」の必要性を強調する「トルーマン・ドクトリン」を表明。対するソ連が東欧6ヵ国などと国際機関「コミンフォルム」を結成して対抗したことから、国際関係が一気に緊張しました。

以降、米ソ両陣営による**〝冷たい戦争〟（冷戦）**は、ベルリン封鎖、ドイツの東西分裂、中華人民共和国の成立、朝鮮戦争、ベトナム戦争……と過熱していきますが、その対立構造は**「ランドパワーのソ連対シーパワーのアメリカ」**と見ることもできます。ハートランドを掌握し、海への進出を企図するソ連と、ワールドシーの覇権を握り、ソ連の進出を陸上でも封じ込めたいアメリカ——。第二次世界大戦後のアメリカの戦略は、スパイクマンが提言した「リムランド理論」に沿ったものであり、**米ソ両陣営の衝突はすべてリムランドで起こっていた**のです。

1991年、ソ連の崩壊によって冷戦が幕を閉じると、ついに**アメリカは唯一の超大国**となりました。**国際秩序の維持を担う〝世界の警察官〟**として、世界各国の情勢に目を光らせるようになったのです。

## アメリカの「封じ込め政策」

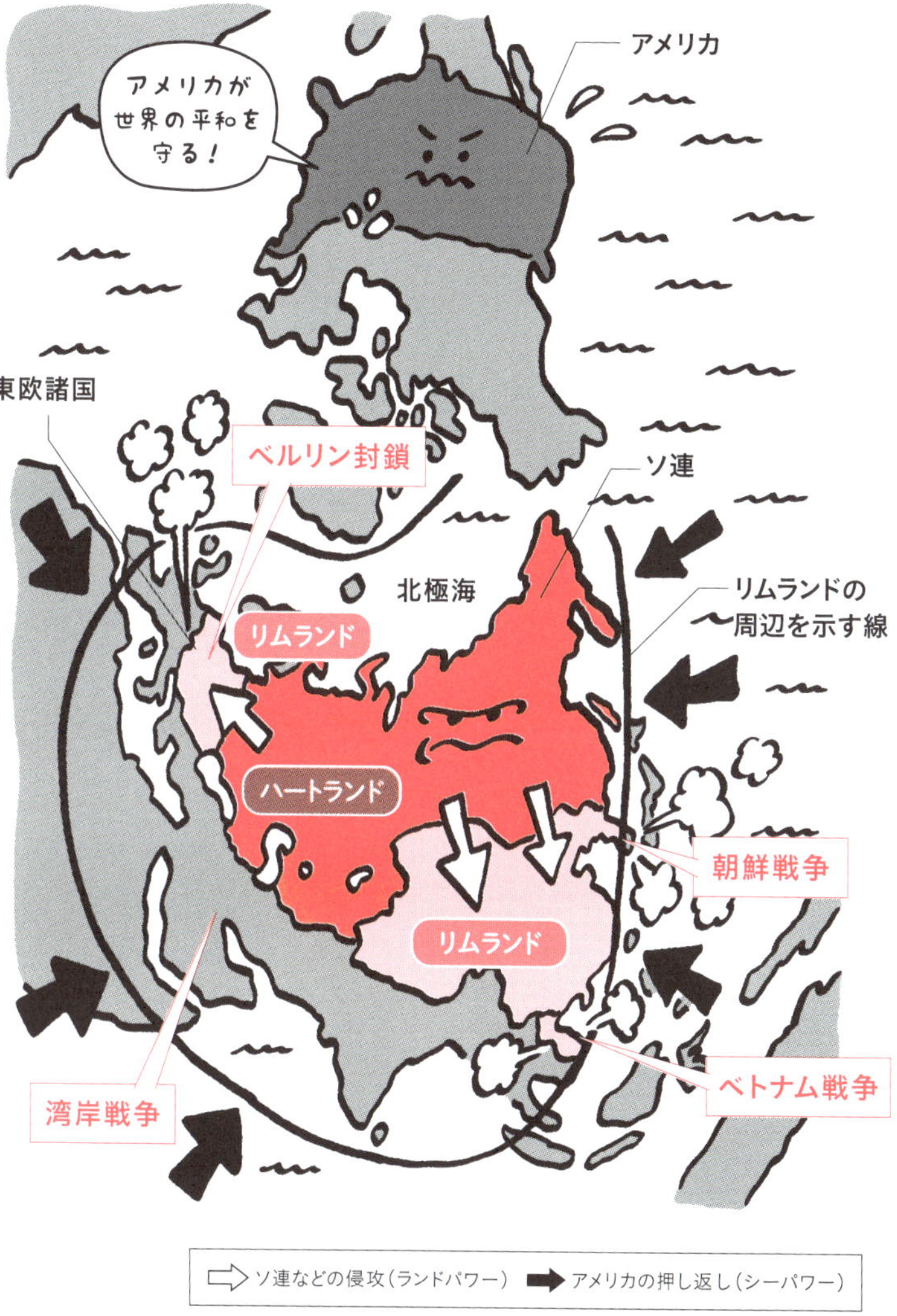


第二次世界大戦後のアメリカは、ソ連を中心とする共産主義勢力の膨張を阻止するため、その周辺地域に軍事的・経済的な援助を与える「封じ込め政策」を展開しました。

アメリカの地政学⑤

# 移民問題を抱える中米・南米との関係

## 増え続ける移民人口

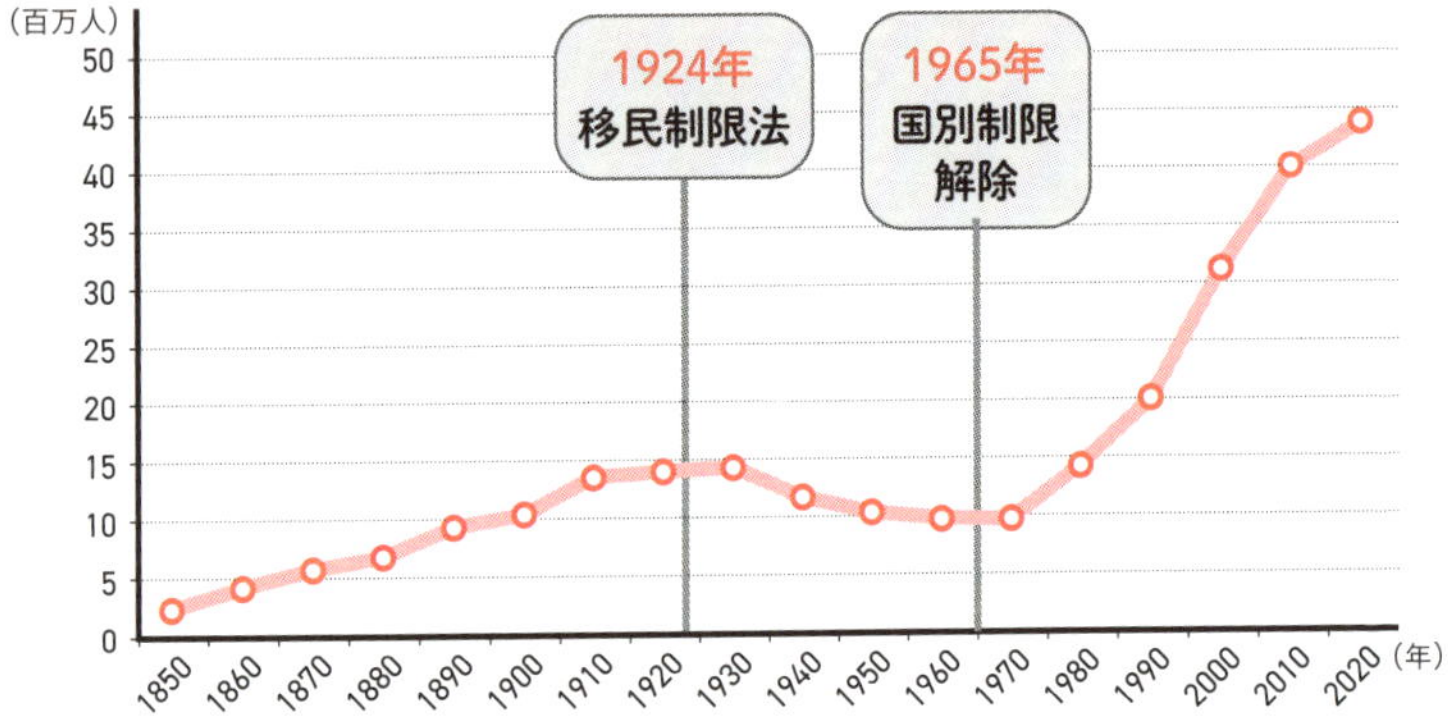


（出典：U.S. Census Bureau population estimates and Pew Research Center tabulations of 2010, 2013-2018 American Community Surveys）

“移民の国”と呼ばれるアメリカに居住する移民人口は、1924年に成立した移民制限法の影響で1930年代から減少。1965年に国別制限が解除されたため、1970年代から急増を続けています。

## メキシコ経由で中南米の移民が殺到

近年、アメリカを悩ませているのが、**メキシコ経由で押し寄せる移民**です。これを受け、2016年の大統領選挙ではメキシコとの国境に移民の流入を防ぐ「壁」の建設を公約に掲げたドナルド・トランプが勝利しましたが、2021年にリベラル派のバイデンが大統領に就任したため、壁の建設は中止されています。しかし、2024年11月にトランプが大統領に返り咲いたことで、**移民問題に大きな動きがあるかもしれません。**

## アメリカに押し寄せる中米移民

アメリカには現在約1100万人もの不法移民が滞在し、年間約50万人以上のペースで増加しています。

Key point!

### 不法移民対策としての“壁”

2017年に就任したトランプ大統領は不法移民の流入を防ぐべく、メキシコとの国境沿いに分離壁の建設を宣言。約1兆5000億円を注ぎ込む大工事を始めましたが、2021年、バイデン大統領が建設を中止しています。タカ派のトランプから人権を重視するバイデン政権に変わったのが主な要因です。しかし、2024年の大統領選でトランプが大統領にカムバックしたことで、壁の工事が再開されるかもしれません。

トランプ、再びアメリカのトップとなる！

アメリカの地政学⑥

# なぜトランプ政権が生まれたのか？

## 追い風となったトランプの自国中心主義

２０２４年11月５日に行われたアメリカ大統領選挙において、共和党のドナルド・トランプが民主党のカマラ・ハリスに勝利しました。大接戦になると予想されていましたが、蓋を開けてみればトランプの圧勝でした。

トランプの勝因はいくつか挙げられます。バイデン政権下ではインフレによって日に日に物価が高くなり中産階級以下の生活が苦しくなっており、また、中国からの生産物の大量流入によって米国内の工場地帯で多くの失業者が出ていました。トランプは、これら**経済的な問題を解決する能力があると見なされた**のです。

さらに、不法移民が米国内に多数流入したことで下層労働者の仕事が奪われてしまったという現状も、かねてから**移民を抑制すると主張していたトランプにとって追い風**になりました。

また、従来、トランプは有色人種の有権者からの支持を得ることができていないと考えられていましたが、今回の選挙では一例としてウィスコンシン州における黒人票の獲得率が前回選挙の時よりも14％も上昇、ネバダ州やアリゾナ州のような激戦区でもヒスパニック系有権者からの支持を伸ばすことに成功するなど、**非白人票を多く獲得できたことも勝因といえます。**

## 中産階級の支持を得られた理由

トランプの支持基盤は白人労働者階級と言われていましたが、2024年11月の大統領選挙では、非白人系のヒスパニックやアフリカ系アメリカンの票も多く集めました。こうした人々は従来は民主党の支持層でしたが、長引くインフレなどの経済政策の失敗により、共和党支持に傾いたのでした。

### Key point! トランプの強権政治でアメリカの分断化は進む？

トランプの勝利によって、富裕層と下層労働者階級、民主党支持層と共和党支持層など、社会のさまざまな局面で「分断」が加速することが懸念されています。このまま分断化が進めば、南北戦争以来の内戦に近い状態に陥るかもしれません。トランプ政権がこれを乗り越えることができるのか、それとも分断がさらに深刻化し、回復不能な状況になってしまうのか。予断を許さない状況が続きます。

停戦への秘策は独自外交にあり！

アメリカの地政学⑦

# ガザ紛争などの有事にトランプはどう動くか？

## トランプはプーチンとディールで停戦に持ち込む？

※北大西洋条約機構。ヨーロッパやアメリカなど32の国々が集団で自分たちを守るための組織。

### ディール外交で早まる和平への道

P4で述べたように、トランプの当選でロシア・ウクライナ戦争は停戦に向けて急展開を迎えると思われます。

トランプは国際協調を無視して、**単独で得意な取引（ディール）を用いて、第一次政権下でも友好関係にあったプーチン大統領と直接対話を行いつつ、ゼレンスキーを説得するかもしれません。その場合、ウクライナは、今後長期間NATO※加盟を認められず、**ロシアに占領された領土の割譲も条件に含まれる可能性があります。こ

## サウジアラビアとイスラエルを巡る相関図

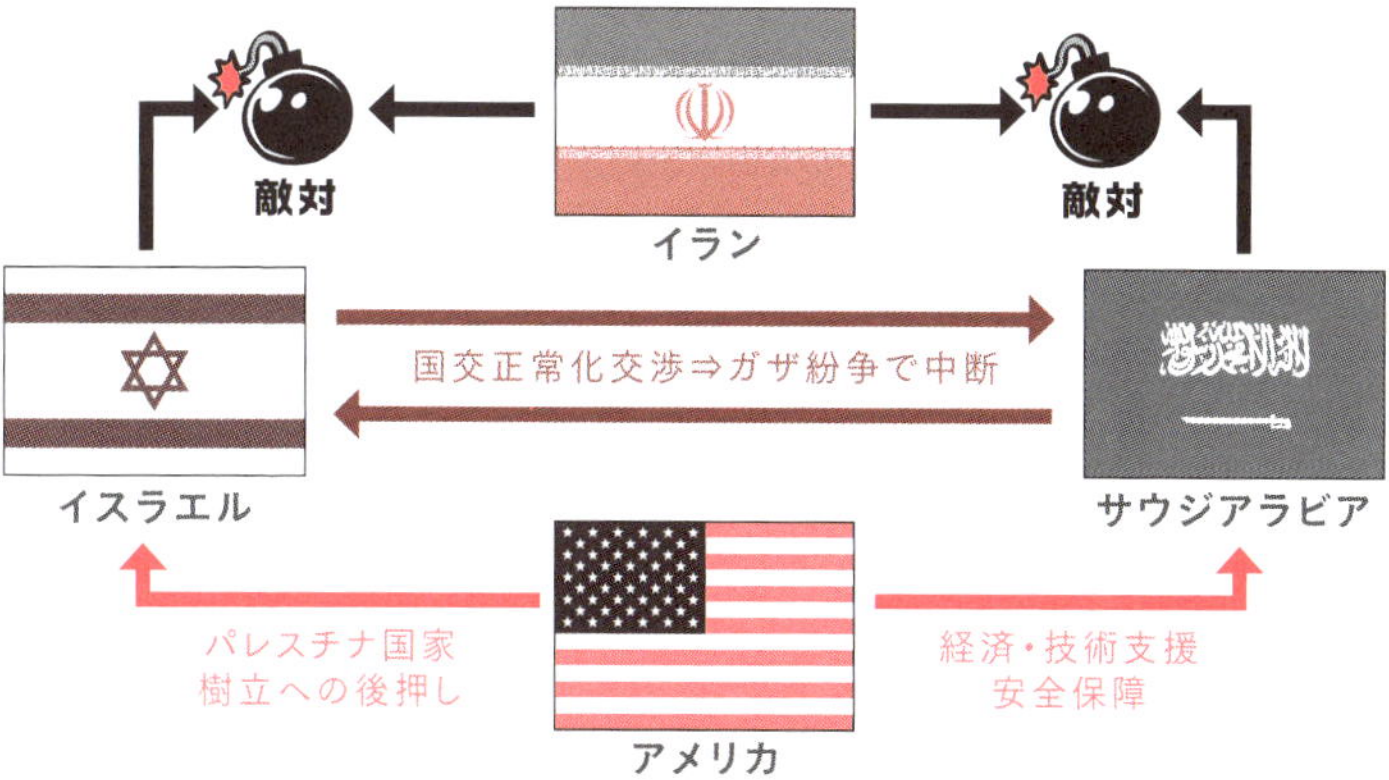


### Key point! イスラエルとサウジの歴史的和平

アラブ諸国は近年、イスラエルに接近し、2020年にアラブ首長国連邦などが国交を正常化しました。そこで優先されたのは、パレスチナ国家樹立の「大義」よりも安全保障や経済面での実利でした。そうした流れは中東の盟主サウジアラビアにも波及し、イスラエルとの国交正常化に向けた動きが始まりました。しかし、2023年10月に勃発したガザ紛争で交渉は振り出しに戻ってしまいました。バイデン政権がなし得なかったサウジ・イスラエルの国交樹立を、トランプが実現させたら、中東の対立の構図を根底から変える「歴史的和平」となるでしょう。

れに対してゼレンスキーは「早期終結ならウクライナが大幅な妥協を強いられる」と、トランプに対して警戒感をあらわにしています。

一方、**トランプは中東の安定化のために、ガザ紛争で凍結されていたイスラエルとサウジアラビアとの国交正常化を促進するために動くと思われます。**もちろん、喫緊の課題はガザ紛争を終わらせることですが、こちらはイスラエルによるハマスの無力化によって早晩実現するでしょう。

また、自国優先の立場から、日本や韓国など同盟国への軍事費の増額を迫る可能性があります。

中国の地政学①

# ランドパワー国家・中国が海にも目を向けた!

## 14ヵ国と陸上で接する中国

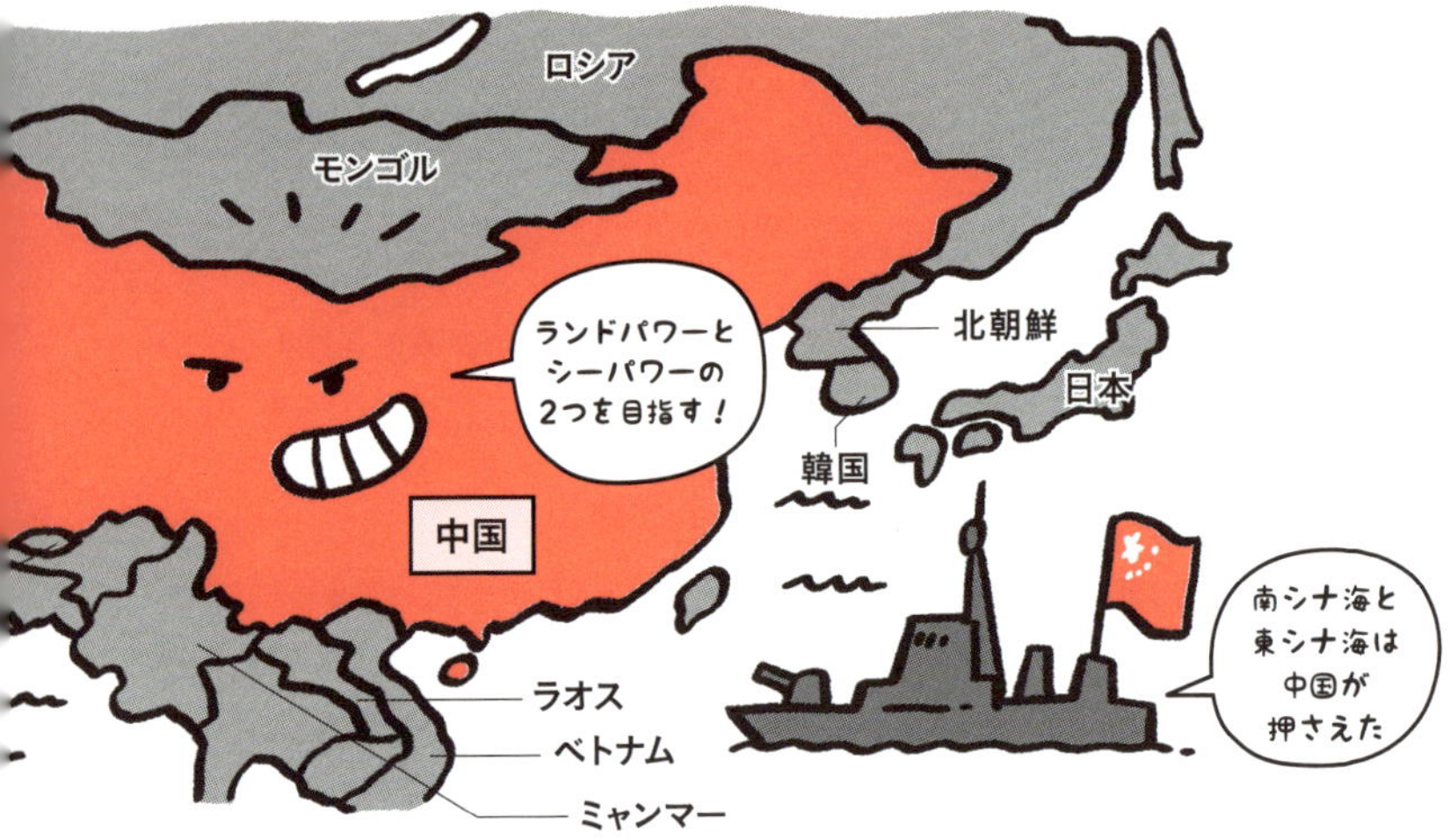


### ランドとシーを制覇する“世界国家”を目指す

ロシア、カナダ、アメリカに次ぐ世界第4位の面積を有し、北朝鮮、モンゴル、ロシア、アフガニスタン、インド、ネパールなど14ヵ国と陸上で国境を接している中華人民共和国(中国)は、まさにランドパワーの大国です。歴史的に中国が海に目を向けたのは、明代の「鄭和《ていわ》の大航海」(1405〜1433年)と、初めての本格的な海軍「四水師」が編成された清代末の2回だけ。この短期間を除いた中国の歴代王朝は、ランドパワーとしての興亡をくり広げて

## Key point! 清の最大領土の復活をもくろむ習近平

習近平が指導する中国の狙いは19世紀に西欧列強によって奪われ失われた領土を奪取し、新しい中華の秩序を構築すること。そして、回復すべき正当な領土とは中国史上最大の版図を誇った清王朝時代の領土です。そうした狙いの延長線上で、尖閣諸島や台湾に触手を伸ばそうとしているという見方もあります。

清の最大版図

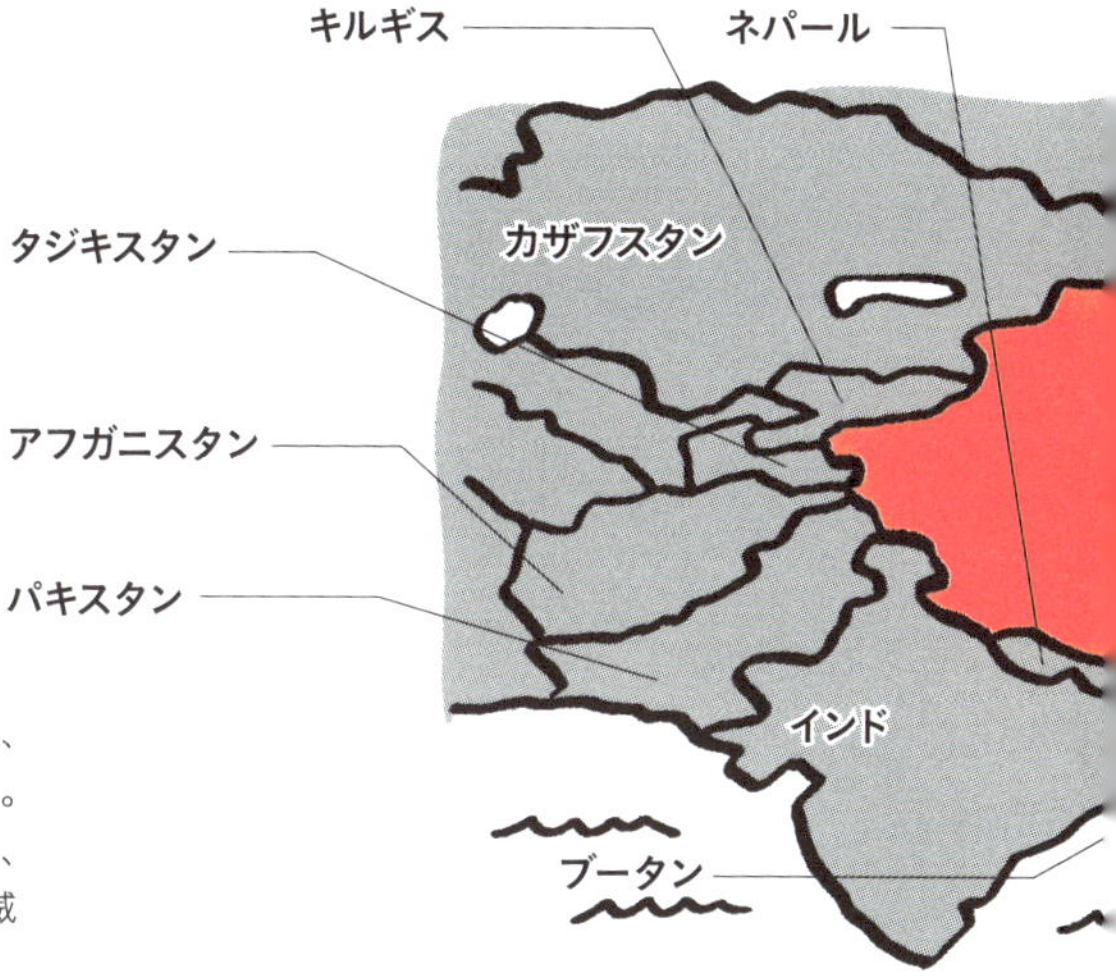
キルギス
ネパール
カザフスタン
タジキスタン
アフガニスタン
パキスタン
インド
ブータン

中国の国境線の総延長は、世界最長の約2万1000㎞。広大な国土を持つ中国は、四方を取り囲む国々の脅威に常に晒されてきました。

きました。

　その中国が近年、南シナ海、東シナ海、そして太平洋へと目を向け、海軍力の増強とともに海洋進出を活発化させています。しかし、これはランドパワーからシーパワーへの転換ではなく、**ランドパワーでありながら、シーパワーにもなろうとしている**のです。

すなわち、中国が「ランドパワーとシーパワーは両立しない」というマハンの「シーパワー理論」(▶P46)を超越し、**大陸国家と海洋国家を兼ね備えた存在、つまり〝世界国家〟を目指している**ことを表しているのです。

米ソとの関係改善で海へ！

中国の地政学②

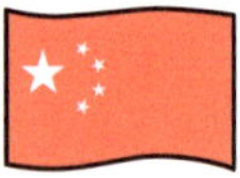

# 敵の敵に接近！ 中国の転換点

## 一枚岩の団結が崩れ中ソ国境紛争が勃発

１９４６年、日中戦争終結後の中国で、アメリカの支援を受ける中国国民党と、ソ連の支援を受ける中国共産党との全面的な内戦が開始されました。この**「国共内戦」を制した共産党は、１９４９年10月に中華人民共和国の建国を宣言。**敗れた国民党の中華民国政府は台湾へ撤退し、台北に臨時政府を置いたのです。

建国以来、中国はソ連との間に〝一枚岩の団結〟と呼ばれる緊密な関係を築いてきましたが、１９５６年にソ連のフルシチョフ第一書記が、スターリン批判を行ったことを契機に関係が悪化。１９６２年の中印国境紛争では、ソ連が中立を貫くなど両国の緊張は高まり、１９６９年にはついに軍事衝突を起こしました（中ソ国境紛争）。

こうした中、中国は〝敵の敵〟であるアメリカに接近し、１９７９年に国交を結ぶ一方で、ソ連との軍事同盟・中ソ友好同盟相互援助条約を破棄。これに先立つ１９７２年には、日本との国交正常化を果たします。

１９８０年代に入ると、中ソ関係は改善に向かい、１９９１年にソ連が崩壊したことで、**中ソ国境地区からの圧力は大きく低下しました。そこで中国は、いよいよ海洋へと目を向けた**のです。

## 中国が参加した主な戦争・紛争（第二次世界大戦後）

**国共内戦**（1946～1949年）
中国国民党と中国共産党の軍隊が激突した内戦。

**中印国境紛争**（1962年）
中国とインド両国間の国境をめぐる紛争。8月と10月に武力衝突に発展した。

**中ソ国境紛争**（1969年）
中国とソ連両国間の国境を巡る紛争。武力衝突が起こった。

**朝鮮戦争**（1950～1953年）
アメリカを主とする国連軍を主力とする南朝鮮（韓国）軍と、中国が支援する北朝鮮軍による戦争。

**ベトナム戦争**（1965～1975年）
アメリカ、韓国、オーストラリアなどが支援する南ベトナムと、中国、ソ連、北朝鮮などが支援する北ベトナムとの戦争。

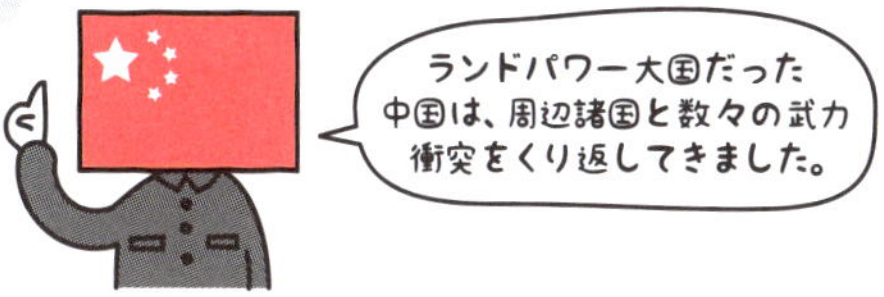
ランドパワー大国だった中国は、周辺諸国と数々の武力衝突をくり返してきました。

## “敵の敵”アメリカと接近した中国

ニキータ・フルシチョフ
第一書記※
（任期：1953 ～ 1964年）
なんたることだ！
同感です
これからは仲よくしましょう
毛沢東
中国共産党主席
（任期：1945 ～ 1976年）
リチャード・ニクソン
大統領
（任期：1969 ～ 1974年）

1971年、ソ連と対立した中国と、泥沼化したベトナム戦争からの脱却を模索していたアメリカが密かに接近し、翌年にはニクソン米大統領が訪中して毛沢東主席と会談。敵対関係にあった両国の接近は、「ニクソンショック」と呼ばれる衝撃を世界に与えました。

※中ソ対立の原因を作ったフルシチョフは1971年に死去している。

中国の地政学③

# 南シナ海に伸びる“中国の赤い舌”

## 中国が主張する第一列島線と第二列島線

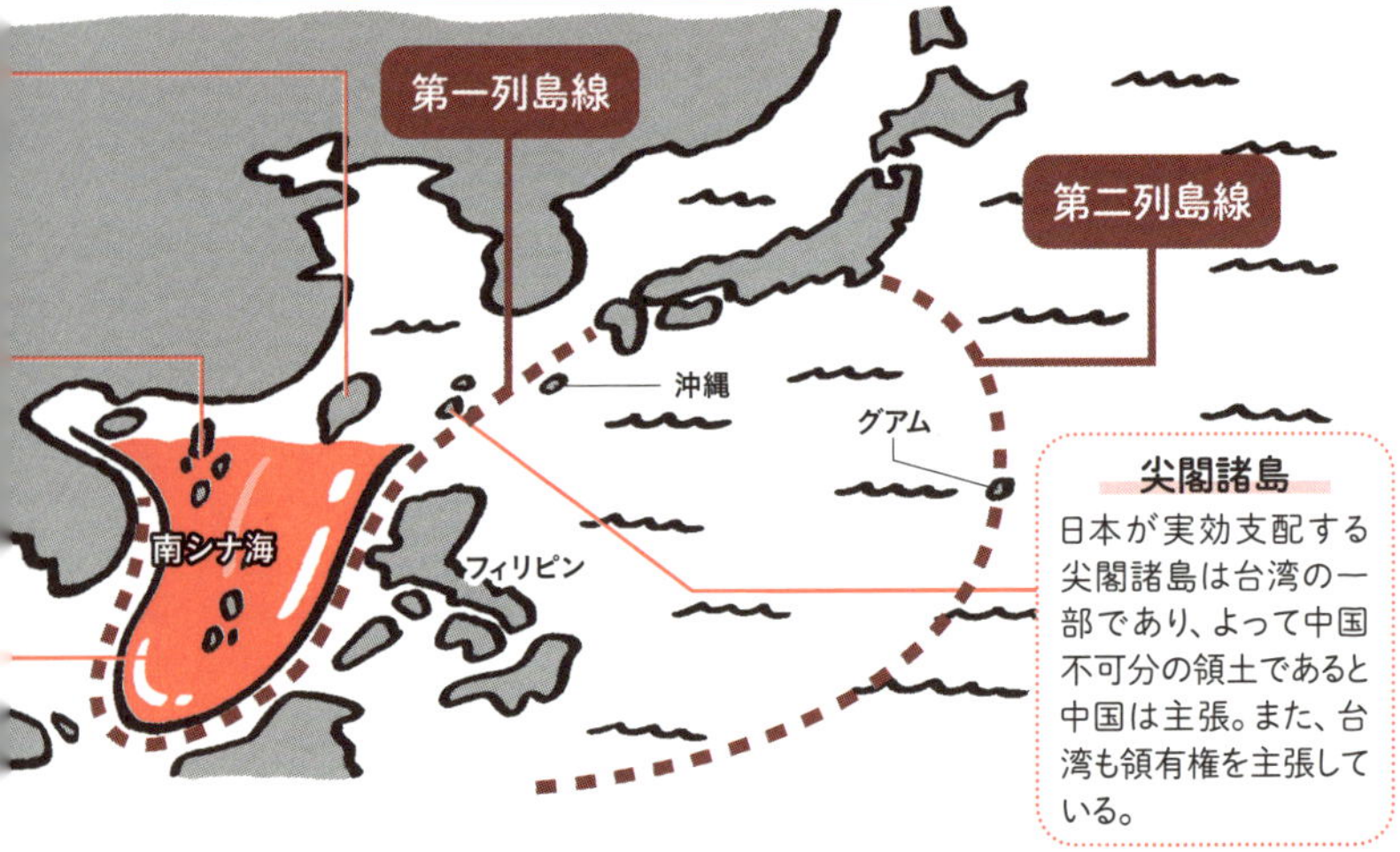
第一列島線
第二列島線
沖縄
グアム
南シナ海
フィリピン
尖閣諸島
日本が実効支配する尖閣諸島は台湾の一部であり、よって中国不可分の領土であると中国は主張。また、台湾も領有権を主張している。

### アメリカとの太平洋分割を視野に入れていた？

1992年、中国の国会にあたる全国人民代表大会（全人代）は自国の領海を定めました。そこには、台湾、尖閣《せんかく》諸島（魚釣《うおつり》島）、澎湖《ほうこ》諸島、東沙《とうさ》諸島、西沙《せいさ》諸島、南沙《なんさ》諸島など、他国・地域が領有権を主張する島々が多数含まれています。

その島々を線でつないだものが、**中国が対米防衛のために制海権確保を目標とする第一列島線であり、その形状から「中国の赤い舌」**と呼ばれています。

また、中国は**軍事的防衛ライン**

## Key point! 南シナ海を押さえてアメリカに核攻撃!?

2014年以降、中国は南沙諸島の複数の環礁で埋め立て工事を強行し、人工島に3000m級の滑走路を建造するといった実効支配を進めていますが（▶P17）、それにより中国はこの海域で弾道ミサイルを搭載した原子力潜水艦を自由に展開させることが可能になります。つまり、中国が南シナ海を領海化すれば、アメリカに核攻撃をできるようになるのです。

中国が策定した第一・第二列島線は、中国軍の作戦区域であり、対米国防ラインとされています。1980年代の中国海軍司令官は、2010年までに第一列島線を、2020年までに第二列島線を支配し、2050年には太平洋の制海権を掌握するという構想を立てていました。

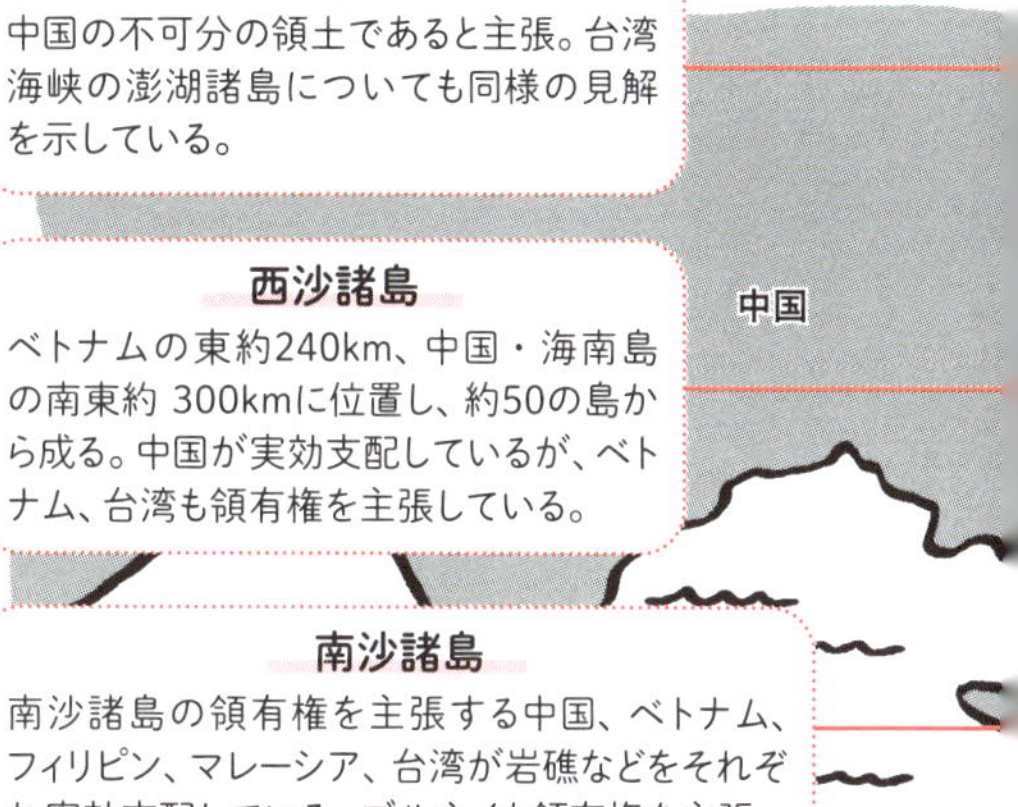


**台湾**
中国の不可分の領土であると主張。台湾海峡の澎湖諸島についても同様の見解を示している。

**西沙諸島**
ベトナムの東約240km、中国・海南島の南東約 300kmに位置し、約50の島から成る。中国が実効支配しているが、ベトナム、台湾も領有権を主張している。

**南沙諸島**
南沙諸島の領有権を主張する中国、ベトナム、フィリピン、マレーシア、台湾が岩礁などをそれぞれ実効支配している。ブルネイも領有権を主張。

**として、小笠原諸島からグアム、サイパン、マリアナ諸島などを結ぶ第二列島線**も設定しました。

2007年、アメリカ太平洋軍司令官は中国の海軍高官から「太平洋を分割して、ハワイから西を我々が、東をアメリカが管理してはどうか」と持ち掛けられたことを明かしています。

しかし、アメリカは南シナ海での中国の動きを警戒。2023年、台湾と南シナ海という2つの重要地域と国境を接するフィリピンにおいて、新たに4カ所の軍事基地の使用権を獲得し、**中国への監視を強化しています。**

中国の地政学④

# 巨大経済圏「一帯一路」構想とは？

## 中国の国家戦略は〝債務の罠〟なのか？

2013年に習近平国家主席は、かつて中国とヨーロッパをつないだシルクロードを模し、**中国・西安から中央アジアを経由してヨーロッパへ至る陸路「シルクロード経済ベルト」（一帯）**と、**ヨーロッパからインド洋経由で香港に至る海路「21世紀海上シルクロード」（一路）**を結び、巨大な経済圏を構築するという国家戦略**〝「一帯一路」構想〟**を提唱しました。

かつてスパイクマンが名付けた「リムランド」（▶P36）全域をカバーするこの巨大経済圏には約100ヵ国が含まれ、その総人口は世界の約6割、約47億人に達します。

中国は一帯一路の実現に向けて域内の各国に参加を呼びかけ、インフラの整備に乗り出していますが、近年では欧米諸国から**「一帯一路は〝債務の罠〟ではないか」**との疑念が広がっています。

たとえば、中国からの融資を受けて港を建設したスリランカは、開港後、資金の回収が見込めずに債務超過に陥り、99年間の港の運営権を中国に引き渡しました。

同様に、一帯一路構想のために中国からの融資を受けたパキスタン、モルディブ、エチオピア、モンゴル、ベネズエラ、トルクメニスタン、マレーシアなどの国も、**債務に対する懸念を抱えている**との報道もあります。

## 中国の国家戦略「一帯一路」

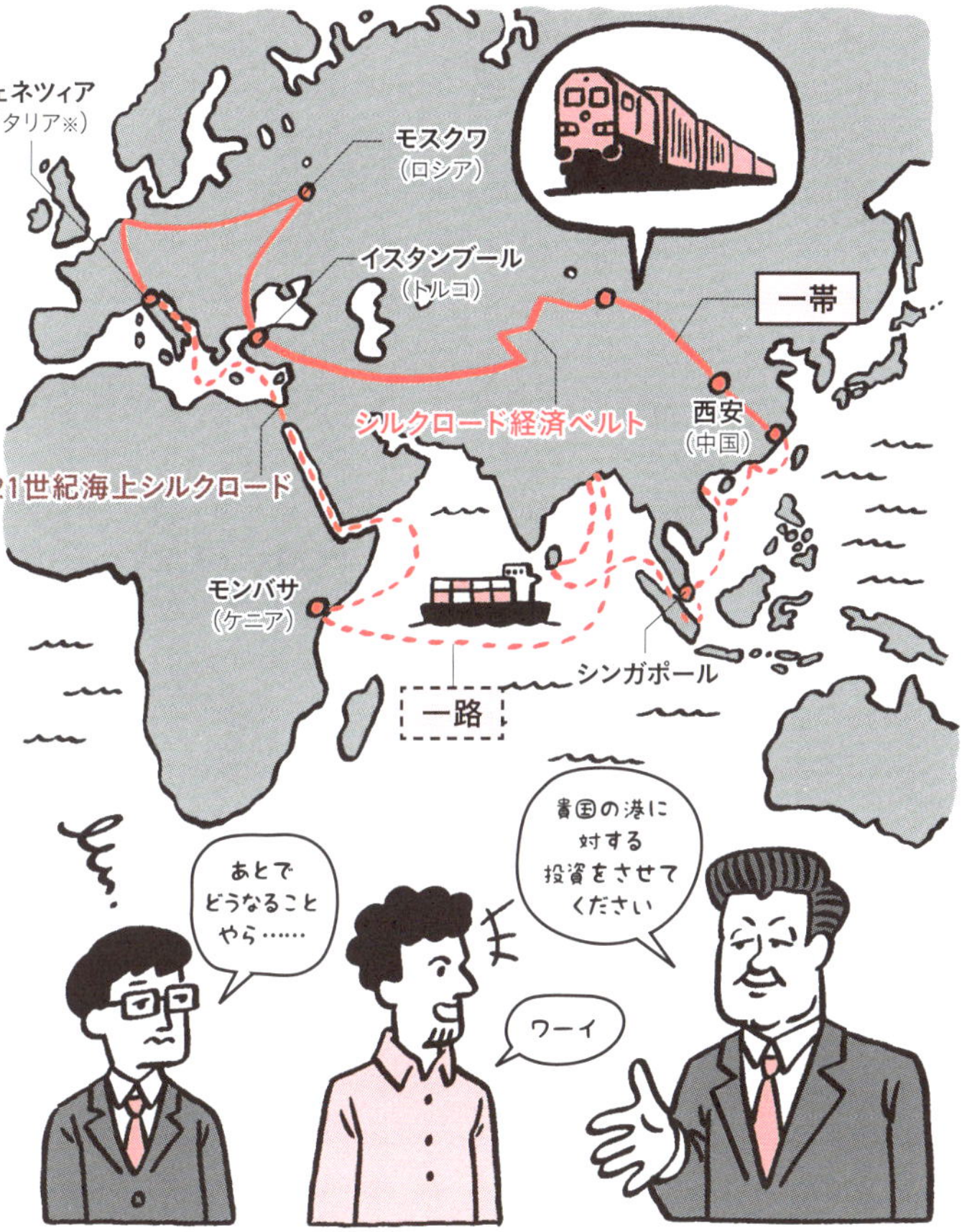


※イタリアは2023年12月に離脱。

### Key point! 中国が外国の港湾建設に投資する理由

中国が他国の港湾施設の建設に巨額の融資をするのは、決して貸したお金に対する利子で儲けることが目的ではありません。むしろ、融資先の国が債務不履行に陥ったほうが中国には都合がいいのです。というのも、借金のかたに港湾施設の運営権を得ることで、一帯一路構想の拠点を手に入れることができるからです。

国際的な非難を無視し続ける

中国の地政学⑤

# ウイグルとチベットの民族・人権問題

## 独立国だったウイグルとチベット

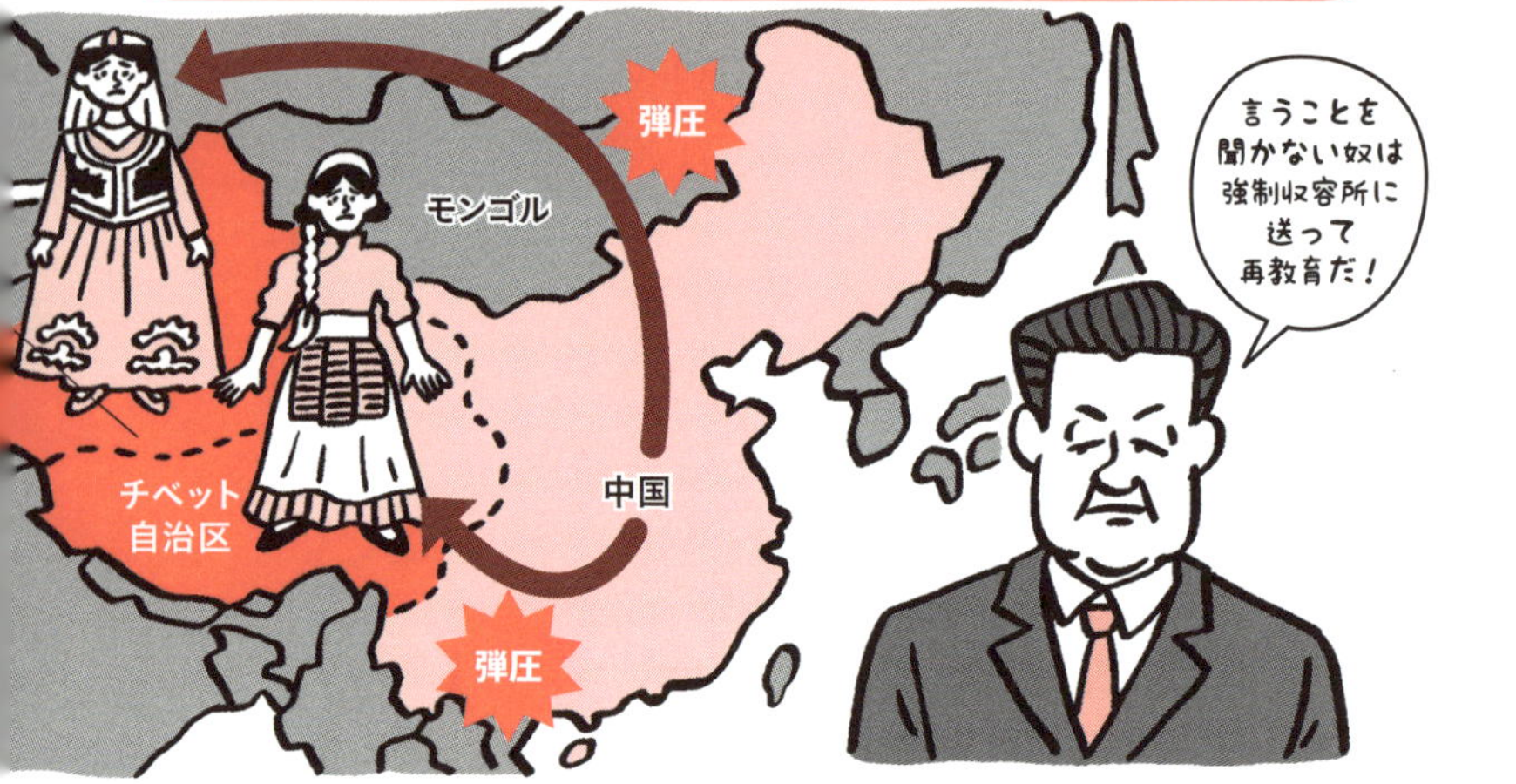
弾圧
モンゴル
言うことを聞かない奴は強制収容所に送って再教育だ！
チベット自治区
中国
弾圧

### 中国が手放さない貴重な資源の宝庫

中国北西部、自治区として最大の面積を有する新《しん》疆《きょう》ウイグル自治区は、ロシア、カザフスタン、アフガニスタン、インドなどと国境を接するバッファゾーンであるだけでなく、石油、天然ガス、金、銀、鉄といった地下資源が豊富であり、中国にとって手放せない土地です。**かつてシルクロードの要衝であったウイグルは、「一帯一路」構想でも重要な地域となっている**のです。

この地で多数を占めるウイグル族は、トルコ人と同じチュルク系民族で、大半はイスラム教を信仰してい

## Key point! 漢民族との同化を図る移住計画

中国共産党は、中国の人口の9割以上を占める漢民族に対して、新疆ウイグル自治区への移住を奨励しました。その結果、自治区内に住むウイグル民族は1949年には76%だったのですが、2011年には47%まで比率が下がっています。これは明らかに、ウイグル民族を漢民族と同化させるための政策といえるでしょう。

ウイグル族などへの弾圧に対して、欧米諸国は非難を続けていますが、中国は内政干渉であるとして反発。これに対して、2022年、アメリカはウイグル自治区からの輸入を禁じる「ウイグル製品輸入禁止法」を施行。輸入を禁止しました。しかし、日本政府は中国と経済面で密接な関係にあることを理由に、制裁の実施には慎重な姿勢です。

ます。過去に中国は独立を求めるウイグル族への弾圧をくり返してきました。アメリカ国務省は2017年からの3年で、100万人以上のウイグル族の市民が収容施設に入れられたと発表しています。

一方、**西南部のチベット自治区もまた、バッファゾーンであるとともに〝鉱物資源の宝庫〟**であり、黄河、長江、インダス川、ガンジス川などの源流がある大水源地でもあります。

中国は、チベット族にも弾圧を加えてきました。1950年以降、中国当局によって120万人が虐殺されたという報告もあります。

市民の自由を弾圧！

中国の地政学⑥

# 事実上崩壊した香港の一国二制度

## 自由を奪われた香港の未来は？

南シナ海の北端に位置する海上交通の要衝・香港は、中国の国家戦略「一帯一路」の中核をなす特別行政区です。

1842年、アヘン戦争の敗北によってイギリスに割譲された香港は、中英共同宣言に基づいて1997年に中国に返還されました。この155年間で、香港はイギリス領の自由貿易港、金融センターとして大きく発展し、中国は共産党による一党独裁体制に変わっていました。そこで香港返還の際に**中国は、50年間は香港の資本主義を維持し、外交と防衛を除く〝高度な自治〟を認めるという「一国二制度」を国際社会に約束した**のです。

ところが、返還から23年後の2020年、中国の国会にあたる全国人民代表大会（全人代）は、香港の統制強化を目的とした「香港国家安全維持法」（国安法）を成立させ、その翌日、同法に違反したとして市民約360人を拘束。以降、言論、報道、結社、集会、デモなどに、厳しい監視の目を光らせています。

しかし、その一方で、国安法の施行後の現在、香港の自治が脅かされていることを嫌い、外資企業が続々と撤退を始め、株式市場も低迷。金融ハブとしての**かつての栄光に、翳りが見えている**と指摘する声もあります。

## 中国本土と世界を結ぶゲートウェイ

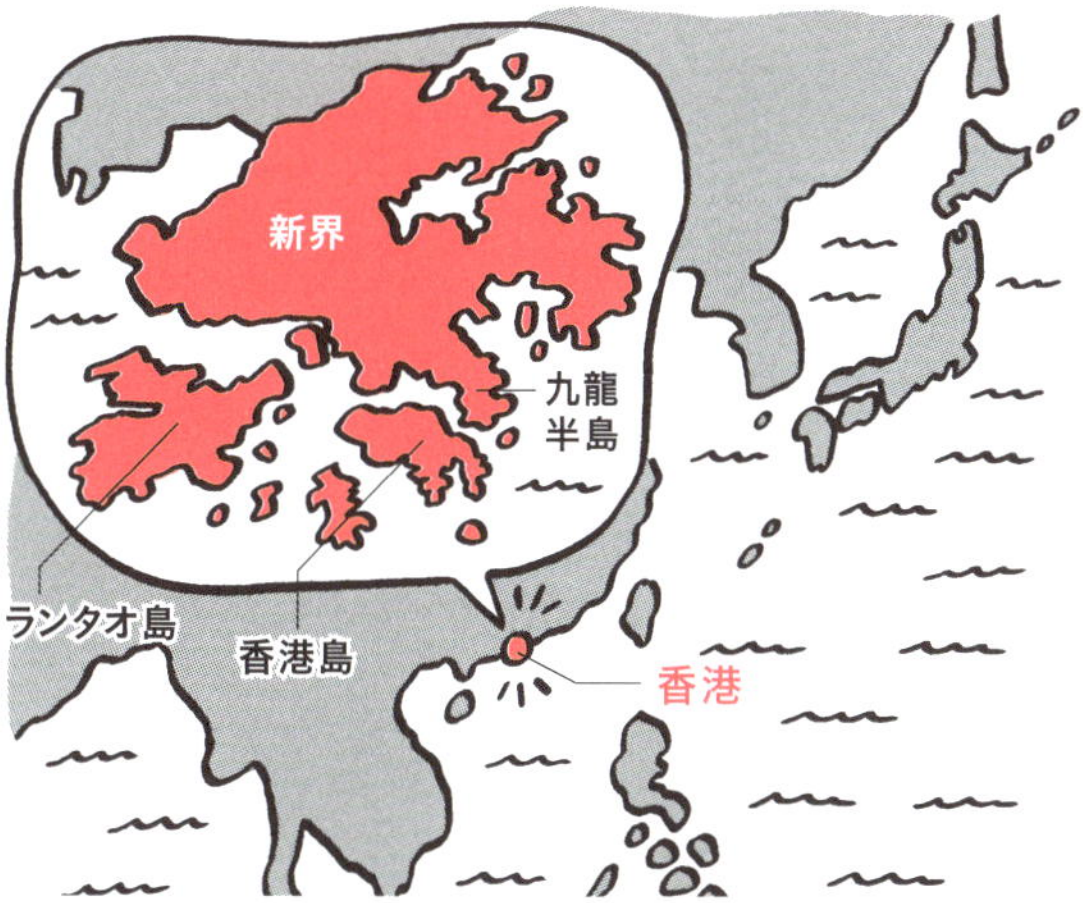


広東省の省都・広州市の南東約130kmに位置する香港は、香港島と九龍半島を中心とする大小約260の島々からなります。アヘン戦争に勝利したイギリスは、東アジアの軍事拠点として、中国本土と世界各国を結ぶゲートウェイ(窓口)として最適であることから、香港を領有したのです。

## 国際的非難に晒されている中国の香港市民への弾圧

香港国家安全維持法の施行により、デモは厳しく抑え込まれ、民主化運動で中心的な役割を果たしてきた団体が相次いで解散に追い込まれる事態となっています。この事態の根底には「中国は一国で、香港はあくまで中国のもの」という習近平の考えがあります。

ロシアの地政学①

# 世界最大の領土を誇るランドパワー大国

## 凍らない港を求めて"南"へ

### 不凍港を求める伝統的な南下政策

ロシアは、マッキンダーが名付けた「ハートランド」(▶P32)を領土とする世界最大のランドパワー大国です。マッキンダーの時代、ロシアの北側を覆う北極海は冬になれば凍結するため、その北側に位置するシーパワー国家・イギリスは攻め込むことができませんでした。そこでマッキンダーは、**難攻不落のこの地を制するものが、世界を制する**――と考えたのです。

1682年にロシア帝国の君主となったピョートル1世は、スウェーデンとの戦いに勝ってバルト海を制

## Key point! 日露戦争の原因となったロシアの南下政策

当時のロシアは中国の遼東半島に進出すると、不凍港である旅順港を手に入れ、朝鮮半島へ進出する意欲を隠さなくなりました。朝鮮半島の先には日本がありますから、日本は地政学的にロシアの脅威に晒されることになりました。こうした状況を打破するために、日本は日露戦争（1904〜1905年）に踏み切ったのです。

イギリスやスペインなどの当時のヨーロッパの先進国が海洋に進出して貿易などで巨万の富を得ていくさまを目の当たりにしたロシアは、一年中凍らないで使える港を求めました。以降、不凍港獲得を目指した領土拡張策「南下政策」はロシアの国是になり、ロシア・トルコ戦争、クリミア戦争、第一次世界大戦などの一因にもなりました。

凍らない
港を求めて
南下します

圧し、「大帝」と称されました。以降、**ロシアは海洋進出のため常に凍らない海を求め、バルカン半島（地中海）、中央アジア（黒海）、極東（日本海）への進出を図ります。こうした動きを「南下政策」と呼びます。**

1905年、日本との日露戦争の最中に、ロシア第一革命が勃発。1917年の十月革命を経て、1922年に社会主義国家「ソビエト社会主義共和国連邦」（ソ連）が誕生しました。

その後、第二次世界大戦の戦勝国となったソ連は、社会主義国として、アメリカを中心とする自由主義陣営に対抗したのです。

東西冷戦下でアメリカと対立

ロシアの地政学②

# 世界初の社会主義国 ソビエト連邦の戦争

## 東西に分断されたヨーロッパ

シュテッティン
トリエステ
鉄のカーテン
イタリア
ワルシャワ条約機構
（ソ連、ブルガリア、ルーマニア、東ドイツなど）
資本主義の犬に負けるわけにはいかない

### ソ連財政を逼迫させたアフガニスタン紛争

第二次世界大戦後の世界では、社会主義陣営をさらに拡大させようとするソ連と、それを食い止めようとするアメリカによる、リムランドでの攻防戦がくり広げられました。1949年、**アメリカを盟主に、フランス、カナダ、イタリア、オランダなど12ヵ国（現在は32ヵ国）で創設された「北大西洋条約機構」（NATO）**と、1955年に**ソ連を盟主に、ブルガリア、ルーマニア、東ドイツ、ハンガリーなど8ヵ国で構成された「ワルシャワ条約機構」**は、東西

Key point!

## ソ連崩壊でロシアの勢力圏が大幅に後退

1991年のソ連崩壊により、ワルシャワ条約機構に加盟していた東欧社会主義国は次々とNATOやEUに加盟してしまいました。また、ソ連の直接支配下にあったバルト三国（エストニア、ラトビア、リトアニア）、ベラルーシ、ウクライナ、中央アジア諸国も独立国の地位を得て、約2200万㎢に及んだ国土は約1700万㎢まで縮小してしまいました。

冷戦を象徴する軍事同盟です。

1978年、アフガニスタンに誕生した社会主義政権に対する抵抗運動が激化したため、ソ連は翌年に軍事介入に踏み切り、新たな親ソ政権を誕生させました。すると、イスラム武装勢力が各地で蜂起。結局、ソ連は兵士約10万人をアフガニスタンに投入し、10年間にわたって駐留させましたが、武装勢力はソ連の中東進出を嫌うアメリカなどの支援を受けていました。

このアフガニスタン紛争の長期化によって財政危機に陥ったソ連は、1991年にあっけなく崩壊。東西冷戦は終わりを告げました。

ロシアの地政学③

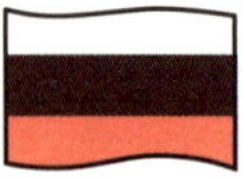

# クリミア併合とウクライナ東部紛争

## クリミア「編入」か クリミア「併合」か

2014年2月、ソ連崩壊に伴って独立したウクライナで、親ロ派の大統領が失脚し、親EU派政権が誕生する政変がありました。ウクライナは歴史的には帝政時代や旧ソ連時代を通じてロシアの支配下にあり、地政学的にはNATO勢力とのバッファゾーンに位置するため、ロシアのプーチン大統領は看過するわけにはいきませんでした。

そこで、プーチン大統領はウクライナのクリミア半島にロシア軍を投入し、クリミアのロシア編入の賛否を問う住民投票を3月16日に実施。**97％以上の賛成があったとし、3月18日に一方的にクリミアを併合しました。**

半数以上をロシア系住民が占めるクリミアには、不凍港の軍事拠点セヴァストポリがあります。この港を手に入れることは大西洋に進出するための「黒海ルート」周辺を押さえることを意味するので、**地政学的にクリミア併合はロシアにとって重要な戦略**だったのです。

その後、クリミア併合を契機に、ウクライナの東部2州で、**ウクライナ政府軍と分離独立派（ロシア軍の支援を受けた親ロ派武装勢力）による「ウクライナ東部紛争」が勃発。**翌年2月、ウクライナとロシアは停戦に合意しますが、合意違反は絶えず、ついに戦争に至ってしまうのです。

## 不凍港セヴァストポリを擁するウクライナ

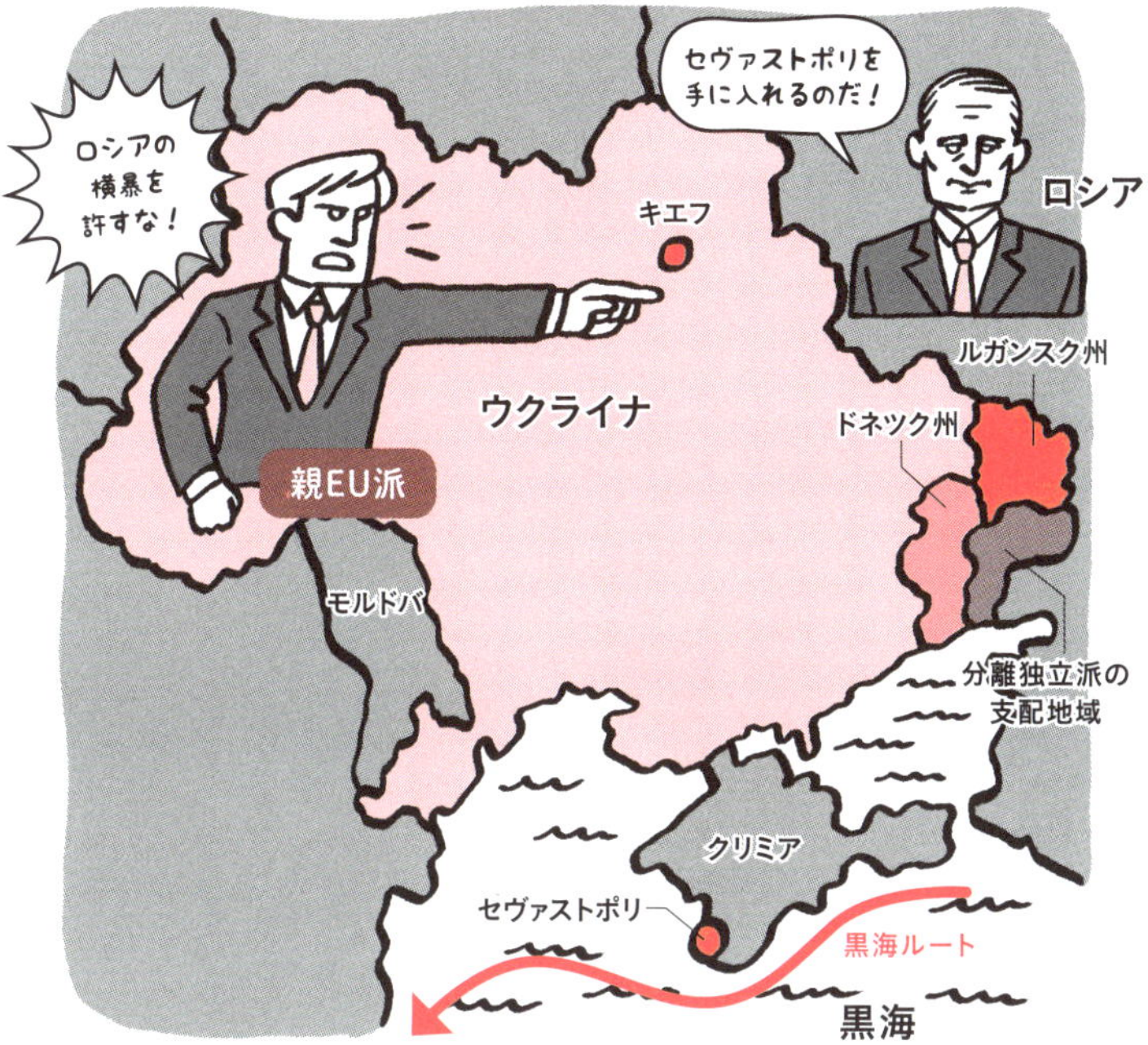


黒海に面するウクライナは、ロシアにとって貴重な不凍港であるセヴァストポリを擁するため、クリミア戦争や第二次世界大戦の激戦地となりました。全人口の約8割はウクライナ人ですが、ロシア系住民が多い東部2州で戦争がくり広げられています。

### Column ロシア軍のウクライナ侵攻

2022年2月24日、ロシアはウクライナに侵攻を開始しました。ロシアとNATO（欧米などの西側陣営）とのバッファゾーンであったウクライナがNATO側に入ることに、ロシアが強い危機感を持ったことが侵攻の原因でした。侵攻直後、ロシア軍はウクライナの首都キーウの近くまで攻め込みましたが、ウクライナ軍の反撃により首都の制圧に失敗すると、ドネツク州とルハンスク州の「解放」を目的として、戦線をウクライナ東部と南部に後退させました。その後、西側諸国からの武器供与を受けたウクライナ軍の激しい抵抗もあり戦争は膠着状態に陥り、開戦から2年半以上経過してもいまだに停戦に至っていません。

GDPでは国力は測れない!

ロシアの地政学④

# ロシアvsウクライナ 最後に勝つのは?

## ロシアには経済制裁が効かない!?

えへん!
食料もエネルギーも自国でまかなえる
VODKA
ウォッカ
天然ガス
食料


Key point!

### ロシアの底力を見誤った有識者たち

ロシアの侵攻を主導したプーチン大統領は、アメリカをはじめとする西側諸国からの強い非難にさらされました。当初はロシアの一方的な勝利だと誰もが思いましたが、ウクライナは予想外の善戦。西側などから供与された兵器でロシアの猛攻をしのぎ、戦況は一時ウクライナ有利になりました。そして、これを見た識者(その多くは専門外の学者など、テレビのコメンテーター)の多くはウクライナの勝利を喧伝しました。しかし、彼らはロシアの底力を完全に見誤っていたのです。その理由は、ウクライナを支援するドイツやフランス、アメリカなどの西側諸国とロシアの国力を、単純にGDPで比較したことにありました。

## 生き残るためのゼレンスキーの秘策!?

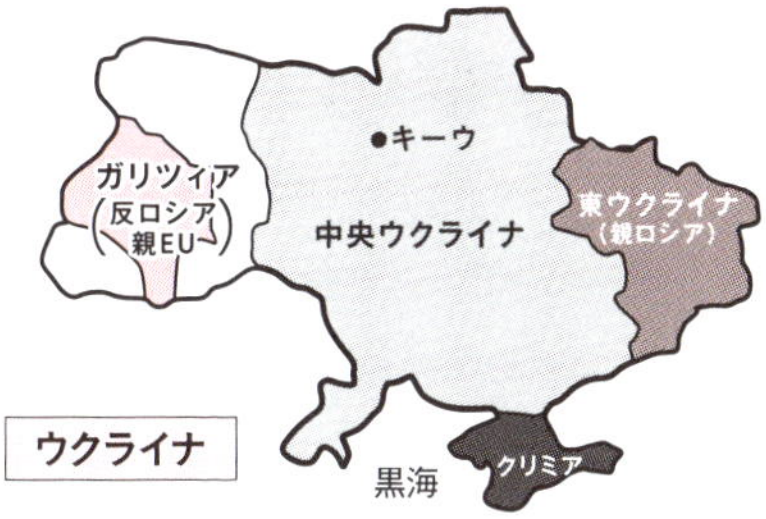

### ゼレンスキーは第三次世界大戦を夢見る？

ウクライナの有利を主張する専門家は、**ウクライナを支援するアメリカのGDPがロシアの10倍以上あること**を指摘しています。しかし、真の国力とは戦争の強さで決まるのです。

実際、ロシアは食料とエネルギーを自給自足できる世界で2つしかない国です（もうひとつはアメリカ）。だから、いくら世界中の国から経済制裁を受けても国民生活には影響はなく、武器もP10で述べたようにイランや北朝鮮、その他の反米国家からいくらでも手に入るため、長期戦になればなるほどロシアが有利です。

一方、**ウクライナは一枚岩ではありません**。多民族国家であるこの国は大きく分けて3つの地域からなっています。

ロシアに近い「東ウクライナ」、首都キーウを中心とする中間地帯の「中央ウクライナ」、そして反ロシア色が色濃い西部の「ガリツィア」の3地域です。

こうした側面から、ウクライナを「地域ごとに分断されている国」と捉えても間違いではありません。

ウクライナ側の現時点の認識は、とりあえず**生き残ることが重要**だということ。そのためにゼレンスキーは手段を選ばず、EUやアメリカを巻き込んで第三次世界大戦を起こしてもいいとさえ考えているかもしれません。

航行距離が大幅に短縮

ロシアの地政学⑤

# 世界が注目する北極海ルート

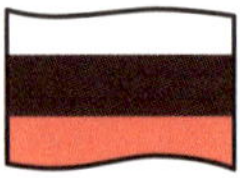

## 地政学の概念を変えた「地球温暖化」

2021年1～2月、ロシア船籍のタンカーが、ロシア・サベッタ⟷中国・江蘇省の北極海ルート往復航行に成功。これまで夏期に限って使用されていた北極海ルートが通年で利用可能なことが証明されたのです。

**北極海ルートは、日本を含む東アジアとヨーロッパを結ぶ最短の航路**であり、航行距離は従来の南回りルート約2万1000㎞の約60%にあたる約1万3000㎞。しかも、情勢が不安定な中東地域を通ることなく、チョークポイントも少ないため世界的に注目されています。

かつて一年の大部分が氷に閉ざされていた北極海は、近年の気候変動、温暖化の影響でその姿を急速に変えており、今後20年間で北極の氷は消滅するという推測もあります。この温暖化が、北極海ルートの通年利用を可能にしたのです。

一方、氷がなくなってしまえば、北極海はユーラシアと北米大陸に囲まれた内海になります。**アメリカとロシアが、北極海を挟んで対峙する**ことになるのです。ロシアは近年、北極圏での軍備増強や大規模な軍事演習に乗り出し、この地域の豊富な天然資源に目を付けた中国も北極圏への進出を表明しています。北極圏に従来はなかった緊張が生まれているのです。

## 北極海ルートと南回りルート

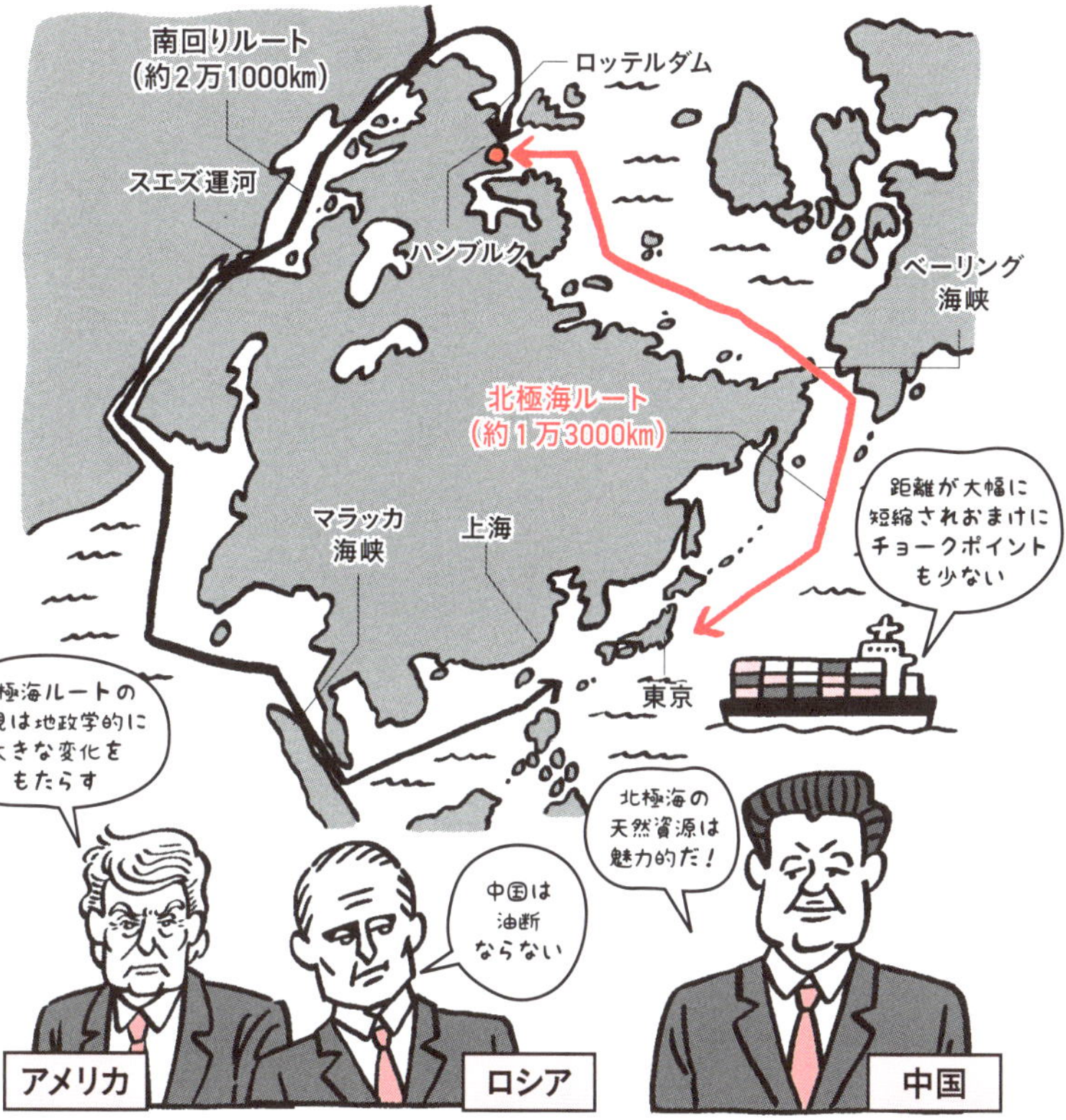


スエズ運河やマラッカ海峡などを通過する従来の南回りルートに比べ、北極海ルートのチョークポイントはベーリング海峡のみ。航路も短いため、10日間は短縮できます。

### Key point! 北極海ルートで注目される北海道の地政学的意味

北極海ルートはアジアと欧州を最短で結ぶルートであるため、従来の物流を大きく変えるものとして期待されています。日本においては北海道が北極海ルートの「アジアの玄関口」になるため、その地理的な優位性を地域経済に生かそうとする取り組みが始まっています。

米中ロの地政学①

# 米中貿易摩擦が“米中新冷戦”へ

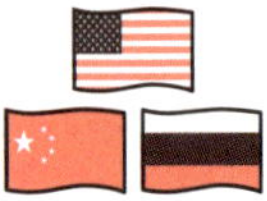

## 民主主義と専制主義との戦い

2010年、中国の名目GDP（国内総生産）が日本を抜き、アメリカに次ぐ世界第2位となりました。

この時、アメリカのGDP約15兆ドルに対して、中国は半分以下の約6兆ドルでしたが、2020年にはアメリカの約21兆ドルに対して、中国は約15兆ドルと差を縮めており、2030年までにアメリカを抜くという予測もあります。

こうした中、対中貿易赤字の解消を掲げるアメリカのトランプ大統領は第一次政権時の2018年、知的財産権の侵害などを理由に、中国に対する制裁関税を発動。中国が報復関税を実施したことで、米中貿易摩擦が過熱しました。続くバイデンも強硬姿勢を崩さなかったことから、**貿易摩擦は近年「米中新冷戦」とも呼ばれています。**

ところで、**地政学には、ナンバー1の国は、その地位を維持するためにナンバー3以下と連携し、ナンバー2を潰そうとする「バランス・オブ・パワー」（勢力均衡）という考え方が存在しています。**

冷戦時代、ソ連と敵対していたアメリカは、日本と手を組んでソ連に対抗しました。

一方、近年のアメリカは、世界2位の大国となった中国を、日本を含む西側諸国と連携して牽制しているのです。

## バランス・オブ・パワーとは何か？

日本語では「勢力均衡」。トップに立った国は勢力を増した2位の国を抑え込むため、3位以下の国と手を組んで勢力均衡を図り、自らの地位を守ろうとします。その結果、別の国が2位となって勢力を伸ばせば、今度はまた3位の国と手を組んで……というやり方です。

## 古典的な貿易摩擦から国家間の覇権をかけた争いへ

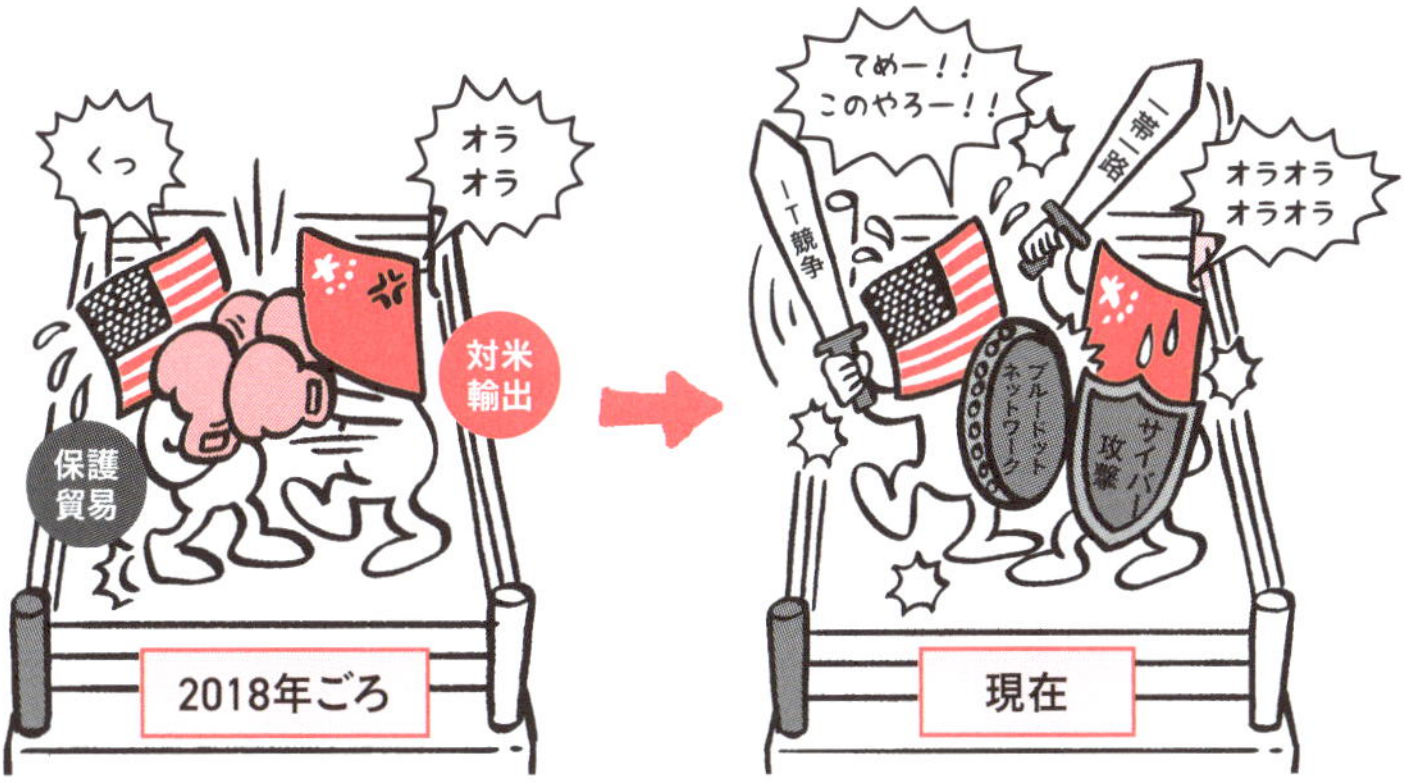


米中対立のそもそもの原因は、アメリカの対中貿易における大幅な貿易赤字にありました。そのため、第一次トランプ政権時代のアメリカは中国からの輸入品に関税をかけて対抗。貿易摩擦にまで発展したのです。その後、米中対立は単なる貿易摩擦を超えて、IT競争や南シナ海のシーレーンを巡る軍事対立に見られるように、国家の威信をかけた覇権争いの様相を呈しています。

米中ロの地政学②

# 冷戦後最悪となったアメリカ・ロシア関係

## "犬猿の仲"から蜜月へ?

トランプの方がバイデンより話がわかる!
プーチンと取引(ディール)する!
ウラジーミル・プーチン大統領
(1952年〜)
ドナルド・トランプ大統領
(1946年〜)

民主党のバイデン政権時代に、アメリカはウクライナ問題でロシアと激しく対立していました。2025年に発足したトランプ政権がロシアとどのような関係を築くかが注目されています。

### 「人殺し」と呼ばれたプーチン大統領

2014年にアメリカは、**ウクライナに軍事介入したロシアへの経済制裁をEU(欧州連合)と日本に呼びかけ、ともに発動。G8(主要8ヵ国)の枠組みからロシアを外しました。**制裁は当初、個人や企業に対する資産凍結や入国制限に限られていましたが、ウクライナ東部紛争への干渉などを理由に強化され、ロシアの基幹産業である石油

## 米ロの対立と協力

| 米国 | 対立 | ロシア |
| --- | --- | --- |
| ロシアが介入を試みたと非難 | 2020年米大統領選 | 介入を否定 |
| ロシアにも責任 | 米企業などへのサイバー攻撃 | 関与を否定 |
| 国際法違反 | ウクライナ南部クリミア半島併合 | 住民投票を経て合法的に編入 |
| 旅客機強制着陸を非難し、制裁方針 | ベラルーシ | ルカシェンコ政権を擁護 |
| 即時釈放を要求 | ロシア反体制派ナワリヌイ氏 | 反体制派を徹底弾圧 |

**協力模索**

| 核軍縮 | 気候変動 | イランや北朝鮮の核問題 |
| --- | --- | --- |
| 新戦略兵器削減条約(新START)を5年間延長で合意 | バイデン主催の4月の気候変動サミットにプーチン参加 | |

産業にも及んでいます。

しかし、ウクライナへのクリミア返還を求めるアメリカに対してロシアは一歩も引かず、両国関係は悪化の一途を辿ります。さらにアメリカは、ロシア系ハッカー集団によるアメリカのインフラ施設・企業に対するサイバー攻撃、2024年に亡くなったロシアの反政権活動家アレクセイ・ナワリヌイ氏の拘束などについてロシアに強く抗議。2021年3月にはバイデン前大統領がテレビ番組で「プーチンを人殺しだと思うか」と問われ、「そう思う」と答えるなど、**米ロ関係は〝冷戦後最悪〟となりました。**

その後、2022年2月、ロシアがウクライナへ軍事侵攻したことにより、両国の対立がより深刻化しました。

しかし、2025年のトランプの大統領復帰により、米ロ関係に一定の改善が見られる可能性が高いです。

米中ロの地政学③

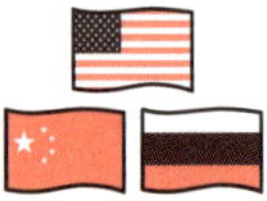

# “便宜的結婚”ロシア・中国関係

## 多岐にわたる戦略的友好関係

2014年のクリミア併合によって国際的に孤立したロシアは、南沙諸島での人工島建造などで周辺国からの非難を浴びている中国に接近し、アメリカの一極支配に対抗するための戦略的な友好関係を築きました。

その内容は、中ロ間初の国際パイプライン「シベリアの力」の建設、北極圏での天然ガス開発プロジェクトの推進、ロシアから中国への武器輸出及び軍事技術協力、中国内陸での合同軍事演習、南シナ海などでの海軍共同演習など多岐にわたり、**ロシアのプーチン大統領は中ロ関係を「全方面における戦略的パートナーシップ」と説明**。

2019年に中国の習近平国家主席はロシアで「プーチン大統領は私の親友であり同僚でもある」と話し、**両国の蜜月ぶりをアピール**しました。

ただ、両国が対立関係にあった1970年代に旧ソ連の情報機関KGB（国家保安委員会）で中国脅威論をベースにした教育を受けたプーチンに、中国と深く結びつく意思はないとの見方があります。

中ロの蜜月状態は、ともに望んだものではなく、**欧米諸国から疎外された両国が利益を得るためだけに接近した〝便宜的結婚〟と表現されるのはこのため**です。今後の動向が注目されます。

## 中ロの蜜月関係は望んだものではない？

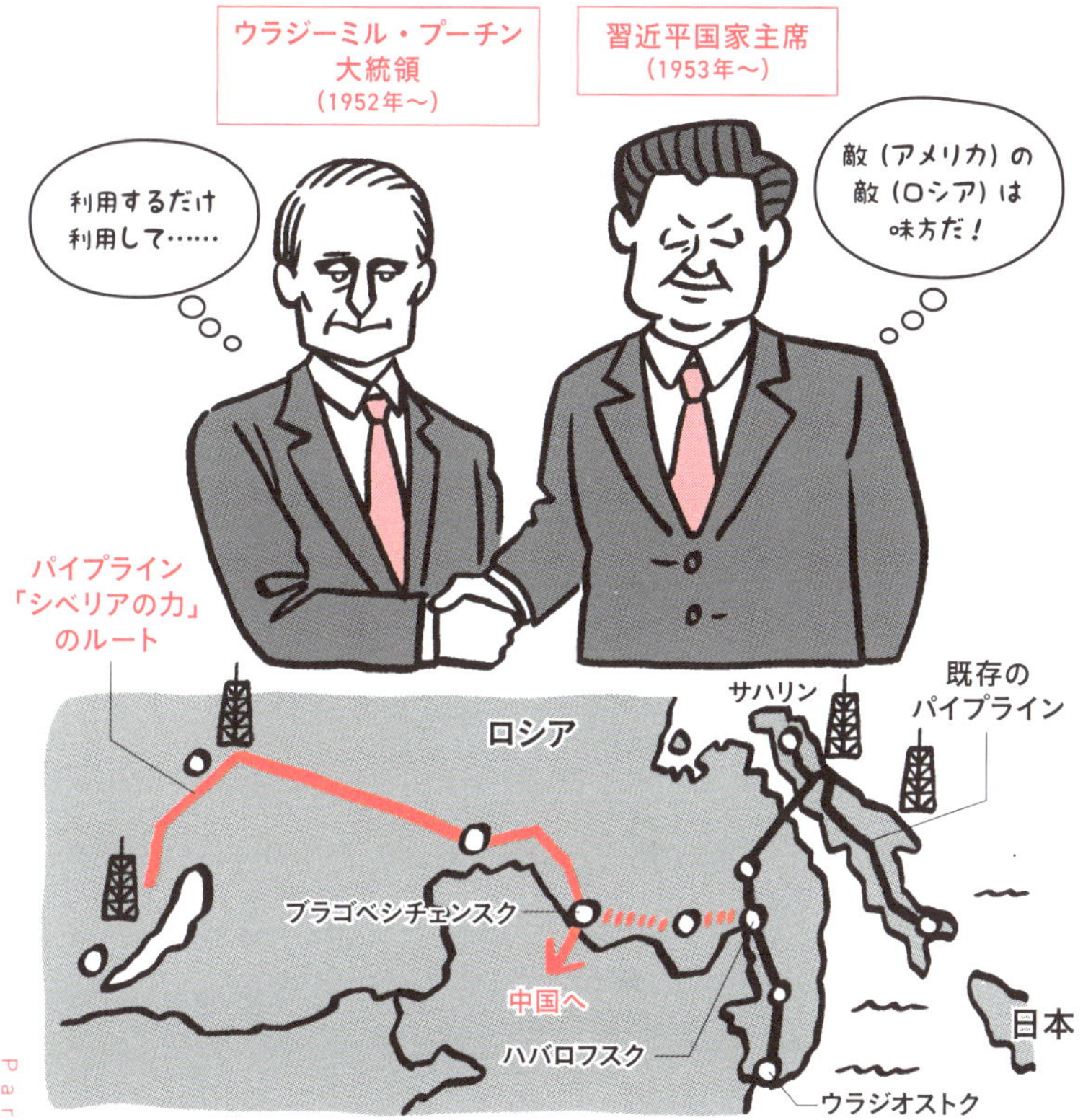


2019年、ロシアの天然ガスを中国へ輸出する中ロ初の国際パイプライン「シベリアの力」の運用が始まりました。稼働式に出席し「両国にとって歴史的な日だ」と述べたプーチン大統領ですが、実は中国に対する警戒心が強く、パートナーに選ぶ気はないという見方が有力です。

**Key point!** 「敵の敵は味方」理論で結びついた中ロ

ロシアと中国の共通点は、どちらもアメリカと対立関係にあること。したがって、「敵の敵は味方」理論からいえば、一時的にとはいえロシアと中国が結びつくのは必然といえるでしょう。

Part 3

地政学で読み解く

# 日本とアジアのリアル

米中対立が激化する中で、極東アジアはその主戦場になりつつあります。そんな中、ユーラシア大陸の東端に浮かぶ島国・日本の地政学的な意味を、朝鮮半島や中国大陸との関係と絡めて解説していきます。さらに、日本のシーレーンの安全保障に密接に関係する東南アジアの国々の情勢にも触れていきます。

日本とアジア諸国を
取り巻く
現代の情勢を
分析する

＋

中国とアメリカの
アジアにおける
攻防を地政学的に
考察

つまり

日本とアジアの
リアルな未来が
見えてくる！

アメリカにとって、日本は“盾”

日本の地政学①

# ランドパワーを抑え込む防波堤

## スパイクマンが認めた日本の優位性

ユーラシア大陸の東、大陸と太平洋の境目に位置する日本列島は、南北約3300㎞にわたって弓なりに伸びる地域で、6852もの島で成り立っています。

地図を逆さに見るとわかりますが、**日本列島はロシア、中国というランドパワー国家が太平洋に出るのを邪魔するような位置にちょうど浮かんでいます。**

また、広大な太平洋を挟んでアメリカに面している日本は、アメリカから見ればユーラシア大陸の入口に位置することから、幕末の1853（嘉永6）年にペリー率いる黒船が日本に来航した必然性を感じることができます。

さらに**日本列島は、シーパワーのアメリカが、ランドパワー国家を抑え込むための防波堤**ともいえる重要ポイントなのです。第二次世界大戦中にアメリカのスパイクマン（▶P36）が、敵国である日本との同盟を訴えたのは、こうした地政学的な特徴によるものといえるでしょう。

その証拠にスパイクマンは自著の中で、「ユーラシア大陸を囲んでいる海の沖合にある島々の中で我々にとって最も重要なのは、イギリスと日本である。なぜならこの二国は政治的・軍事的なパワーの中心地だからだ」と述べています。

## ランドパワーの海洋進出を阻む防波堤

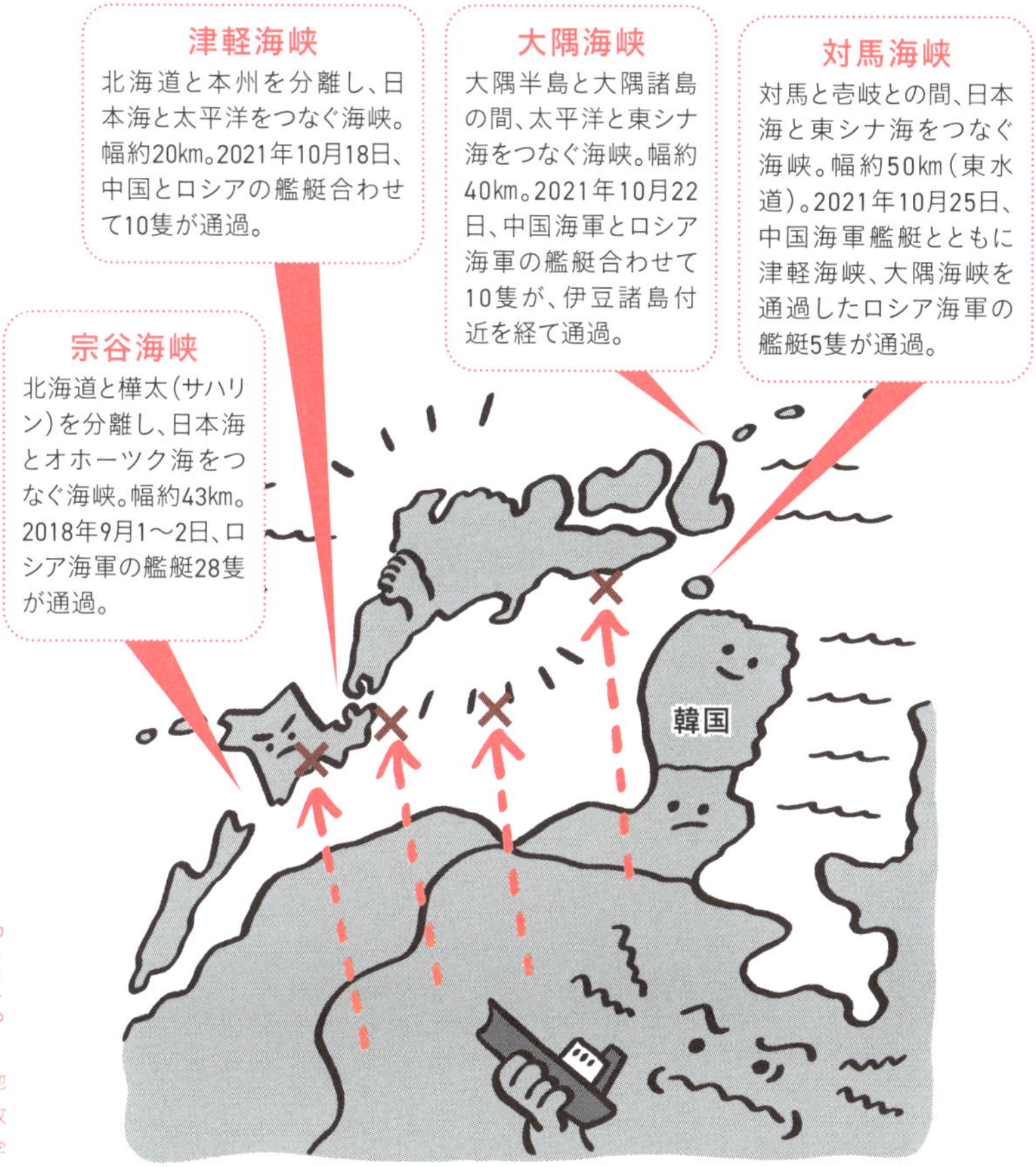
津軽海峡
北海道と本州を分離し、日本海と太平洋をつなぐ海峡。幅約20km。2021年10月18日、中国とロシアの艦艇合わせて10隻が通過。
大隅海峡
大隅半島と大隅諸島の間、太平洋と東シナ海をつなぐ海峡。幅約40km。2021年10月22日、中国海軍とロシア海軍の艦艇合わせて10隻が、伊豆諸島付近を経て通過。
対馬海峡
対馬と壱岐との間、日本海と東シナ海をつなぐ海峡。幅約50km(東水道)。2021年10月25日、中国海軍艦艇とともに津軽海峡、大隅海峡を通過したロシア海軍の艦艇5隻が通過。
宗谷海峡
北海道と樺太(サハリン)を分離し、日本海とオホーツク海をつなぐ海峡。幅約43km。2018年9月1〜2日、ロシア海軍の艦艇28隻が通過。
韓国

宗谷海峡、津軽海峡、大隅海峡、対馬海峡（東水道・西水道）は、外国艦船が自由に航行できる「特定海域」であるため、近年、中国とロシアの艦艇が軍事的な示威活動をくり返しています。これはアメリカに対する牽制の意図があるといえます。

**日本列島は、ランドパワー国家であるロシアと中国の海洋進出を阻むように浮かんでいて、アメリカにとっては奄美大島、沖縄、尖閣《せんかく》諸島まで含めて強力な“防波堤”となっています。**

日本の地政学②

# 戦力差だけではない日本敗戦の理由

## 1942年頃の大日本帝国の最大版図

満州国
ランドパワーとの戦い
太平洋は日本の庭だぜ！
アメリカ領フィリピン
シーパワーとの戦い
ギルバート諸島
ソロモン諸島

## 急ぎ過ぎた近代化と太平洋戦争のツケ

ペリー来航という外圧によって開国し、近代化を果たした日本は、明治維新のわずか7年後、1875年に朝鮮半島へ進出して翌年に日朝修好条規を結ぶと、これを契機に大陸への進出を開始。

1894年からの日清戦争に勝利して遼東半島と台湾などを獲得しましたが、ロシア・ドイツ・フランスによる三国干渉によって遼東半島の返還を迫られると、「臥薪嘗胆《がしんしょうたん》」（復讐を志して努力する）を合言葉に富国強兵に励み、1904年からの日露戦争を

## 太平洋戦争時(1941年)の日米国力比較

| 日本 | | アメリカ | | |
|---|---|---|---|---|
| 449 | 国民総生産(億円) | 5312 | 日本の11.83倍 | |
| 165.4 | 国家予算(億円) | 565.5 | 日本の3.42倍 | |
| 125 | 軍事予算(億円) | 266.8 | 日本の2.13倍 | |
| 71933 | 人口(千人) | 131669 | 日本の1.83倍 | ※ |
| 34683 | 発電量(万Kw) | 179904 | 日本の5.19倍 | ※ |
| 30 | 石油産出量(万t) | 18287 | 日本の609.57倍 | ※ |
| 5631 | 石炭産出量(万t) | 41540 | 日本の7.38倍 | ※ |
| 684 | 粗鋼生産量(万t) | 8284 | 日本の12.11倍 | |
| 5088 | 航空機生産量(機) | 26277 | 日本の5.16倍 | |
| 21.7 | 自動車保有台数(万台) | 3489.4 | 日本の160.8倍 | |

※1940年のデータ
(出典:『マクミラン世界歴史統計』をもとに作成)

日本がアメリカに宣戦布告した1941年、日本とアメリカの国民総生産は約12倍、主要物資生産量の総計は約76倍もの差がありました。

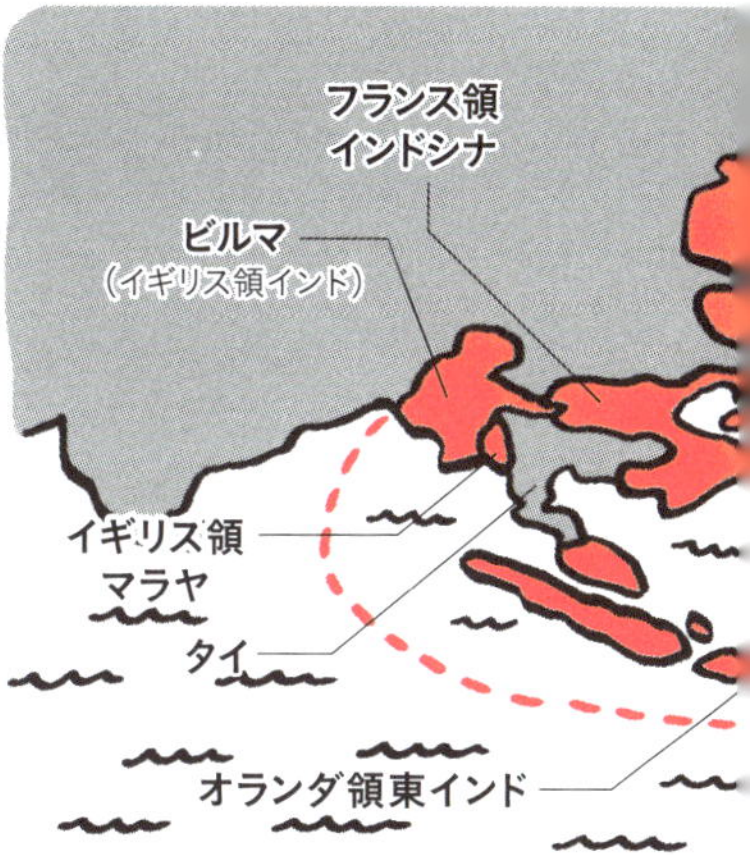

フランス領
インドシナ
ビルマ
(イギリス領インド)
イギリス領
マラヤ
タイ
オランダ領東インド


太平洋戦争開戦後、アメリカ、イギリス、フランス、オランダなどを宗主国とする東南アジアの植民地を次々に攻略した大日本帝国の領土面積は、朝鮮半島、満州国、台湾などと合わせて約68万k㎡に及びました。これは現在の日本の総面積の約2倍です。

制して雪辱を果たしました。

しかし、膨張政策を急いだ日本は国際社会から孤立し、1937年には日中戦争の泥沼にはまり、そのまま1945年の敗戦を迎えたのです。日本の敗戦の原因はもちろんアメリカとの圧倒的な国力差にありましたが、地政学的にいうと、**日中戦争でランドパワーとの戦いを行いながら、同時にシーパワーであるアメリカとの戦いを推し進めた**点にあります。

日本の敗戦は奇しくも「**ランドパワーとシーパワーは両立しない**」というマハンの言葉を証明することになりました。

お金ではなく人的貢献を決断

日本の地政学③

# 閣議決定された自衛隊の中東派遣

## 自衛隊初の海外実任務「湾岸の夜明け作戦」

クウェート
バーレーン
カタール
ペルシャ湾
イラン
ホルムズ海峡
アラブ首長国連邦
オマーン湾
今回は、日本のみなさんありがとう！
サウジアラビア
オマーン
アラビア海
イエメン
バベルマンデブ海峡
機雷をすべて取り除くぞ！

1991年4月26日に日本を出港、5月27日に現地入りした海上自衛隊の艦艇6隻は、6月5日より、アメリカ、イギリス、フランス、ベルギーなどから派遣された艦艇と連携。9月11日までに湾岸戦争でイラクが敷設した1200個の機雷を除去（掃海）しました。

### 130億ドル拠出も礼を言われず……

1990年、国連安全保障理事会はクウェートへ侵攻したイラクに対する武力行使容認決議を採択。翌年1月、米軍を主力とする多国籍軍による「砂漠の嵐」作戦で湾岸戦争が開始され、そのわずか43日後、多国籍軍の圧倒的勝利で幕を閉じました。

この戦争で日本は、多国籍軍に130億ドル（当時のレートで約1兆8000

## 中東地域における自衛隊の主な活動実績

**ペルシャ湾派遣**
1991年6月〜9月
湾岸戦争にまつわるペルシャ湾で機雷等の除去

**ゴラン高原派遣**
1996年2月〜2013年1月
イスラエルとシリアの停戦監視、物資の運搬等

**トルコ地震災害支援**
1999年9〜11月
トルコ地震に伴う国際緊急援助隊としての物資輸送等

**インド洋派遣**
2001年11月〜2010年1月
「不朽の自由作戦」に従事する艦船への洋上補給等

**イラク難民・被災民救援**
2003年7〜8月
イラク被災民救援のための物資等の航空輸送

**イラン地震災害支援**
2003年12月〜2004年1月
バム地震に伴う国際緊急援助隊としての物資輸送等

**イラク派遣**
2003年12月〜2009年2月
イラク戦争中の、給水、医療、施設修繕等の復興支援

**海賊対処行動**
2009年3月〜
ソマリア沖の海賊事案に対する海上警備行動等

**シナイ半島国際平和協力業務**
2019年4月〜
エジプトとイスラエルの停戦監視活動等

もう「小切手外交」とはいわせない！

億円）もの資金を拠出しながら、戦後、クウェート政府がアメリカの新聞に出した「各国のみなさん、ありがとう」という広告に日本の名はありませんでした。人的貢献のない日本のやり方は「小切手外交」と揶揄《やゆ》されたのです。そこで日本政府は同年4月、**日本船が通過船舶の22%を占めるホルムズ海峡を抜けたペルシャ湾に残された機雷除去**を目的に、海上自衛隊掃海艇の派遣を閣議決定。6月5日〜9月11日にわたり、ペルシャ湾での掃海作業を実施しました。

　これを機に、翌年には自衛隊の国連平和維持活動（PKO）への参加を可能とするPKO協力法が成立。自衛隊はこれまでに中東地域で、ゴラン高原における停戦合意監視（1996年）、インド洋上での多国籍軍の後方支援（2001年）、ホルムズ海峡周辺での情報収集活動（2020年）などを行っています。

移設反対派が勝利を収めるも……

日本の地政学④

# 沖縄に7割が集中する在日米軍基地問題

## 粛々と進められる辺野古への移設工事

　終戦後、日本を占領していたアメリカ軍は、1952年のサンフランシスコ平和条約発効による日本の独立回復にともない、約26万人が在日米軍となりました。

　以降、兵力は段階的に削減され、2019年のデータでは**陸・海・空軍、海兵隊合わせて約5万5000人。**基地の数は121で、世界各国に展開する米軍基地としてはドイツの194に次ぐ第2位、3位は韓国の83となっています。

　日本における米軍基地は地政学的にも優れており、たとえば**沖縄にICBM（大陸間弾道ミサイル）を配置すれば、世界中の主要都市を射程圏内に収める**ことができます。

　問題となっているのは、日本の国土面積の約0・6%しかない**沖縄県内に、在日米軍専用施設の実に約70%が集中している**こと。そのうちのひとつ、宜野湾《ぎのわん》市の市街地に位置する海兵隊普天間《ふてんま》飛行場は移設されることが決まっていますが、移設工事がすでに始まっている辺野古・大浦湾周辺の環境破壊が指摘され、近年に行われた国政や県政などの選挙においては、移設容認派と反対派の勢力は拮抗しています。

　それでも、日本政府は移設工事を粛々と進めています。解決の糸口はいまだに見つかっていません。

## 全国米軍施設の7割が集中する沖縄県

日本全国の米軍専用施設の面積は約2万6317ha。その約70.3%にあたる約1万8456haが、国土面積約0.6%の沖縄県に集中しています。沖縄県の県民一人あたりの米軍専用施設面積は約127.210㎡で、他の都道府県約0.627㎡の約203倍になります。

## 米軍専用施設面積の広い都道府県

1. **沖縄県** 嘉手納飛行場、普天間飛行場、キャンプ・コートニー他（約 18456ha） **70.27%**
2. **青森県** 三沢基地（約2374ha） **9.04%**
3. **神奈川県** キャンプ座間、横須賀海軍施設（約 1473ha） **5.61%**
4. **東京都** 横田基地、赤坂プレスセンター他（約 1318ha） **5.02%**
5. **山口県** 岩国基地（約 867ha） **3.3%**
6. **長崎県** 佐世保基地（約 456ha） **1.74%**
7. **北海道** キャンプ千歳（約 427ha） **1.63%**

※白ヌキ数字は全体面積に占める割合(%)

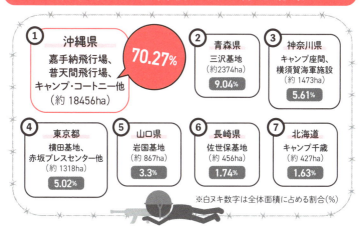

日本の地政学⑤

# 領土と領海を巡る周辺国との不和

## 日本周辺海域の領土問題

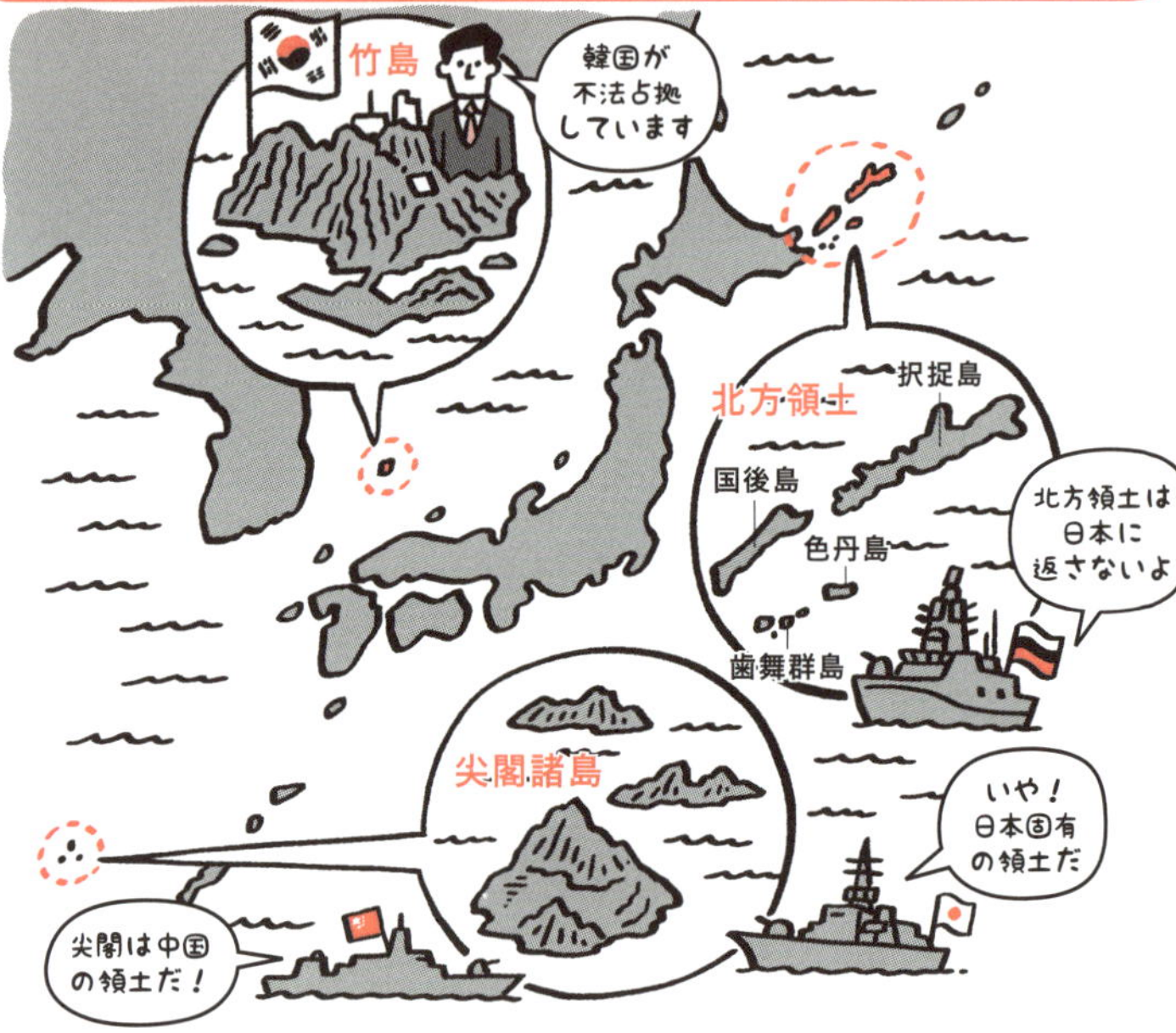


### 不法占拠が続く北方領土と竹島

北海道の北東洋上に連なる北方領土は、根室半島の納沙布《のさっぷ》岬から3・7kmしか離れていない歯舞《はぼまい》群島、その北東に位置する色丹《しこたん》島、根室半島と知床半島の中間にある国後《くなしり》島、その北東22・5kmに浮かぶ択捉《えとろふ》島からなります。

この四島は1945年8月の第二次世界大戦終了後、**ソ連によって不法占拠され、現在もロシア**

## 「日本の領土をめぐる情勢」に示された外務省の見解

択捉島、国後島、色丹島及び歯舞群島からなる北方四島は、一度も他国の領土となったことがない、日本固有の領土です。しかし、1945年に北方四島がソ連に占領され、今日に至るまでソ連・ロシアによる不法占拠が続いています。

竹島は、歴史的事実に照らしても、かつ国際法上も明らかに日本固有の領土です。韓国による竹島の占拠は、国際法上何ら根拠がないまま行われている不法占拠であり、韓国がこのような不法占拠に基づいて竹島に対して行ういかなる措置も法的な正当性を有するものではありません。

尖閣諸島が日本固有の領土であることは歴史的にも国際法上も明らかであり、現に我が国はこれを有効に支配しています。したがって、尖閣諸島をめぐって解決しなければならない領有権の問題はそもそも存在しません。

**が不法占拠しています**。

　ロシアが北方領土を手放さない理由は、周辺海域が「北極海ルート」（▶P78）の一部である、海域はロシアが太平洋に出る際のマージナルシー（▶P37）でもある、仮に返還すれば米軍基地を建造される恐れがある——などと考えられています。

　島根県隠岐の島町に属する竹島もまた、**韓国による不法占拠が続いている日本固有の領土**です。韓国が竹島にこだわるのは、海洋資源や漁業権の獲得に加え、反日ナショナリズムの輝かしい戦果として国民にアピールすることが挙げられるようです。

　一方、沖縄本島から約410km、石垣島から約170kmに位置する**尖閣《せんかく》諸島は、19世紀末までどの国にも属さなかった無人島**で、日本政府は領有権の問題は存在しないとの立場を取っていますが、中国はこれに反発しています。

朝鮮半島の地政学①

# 朝鮮半島での衝突は地政学的には宿命だった

## 朝鮮半島の地理的な弱点

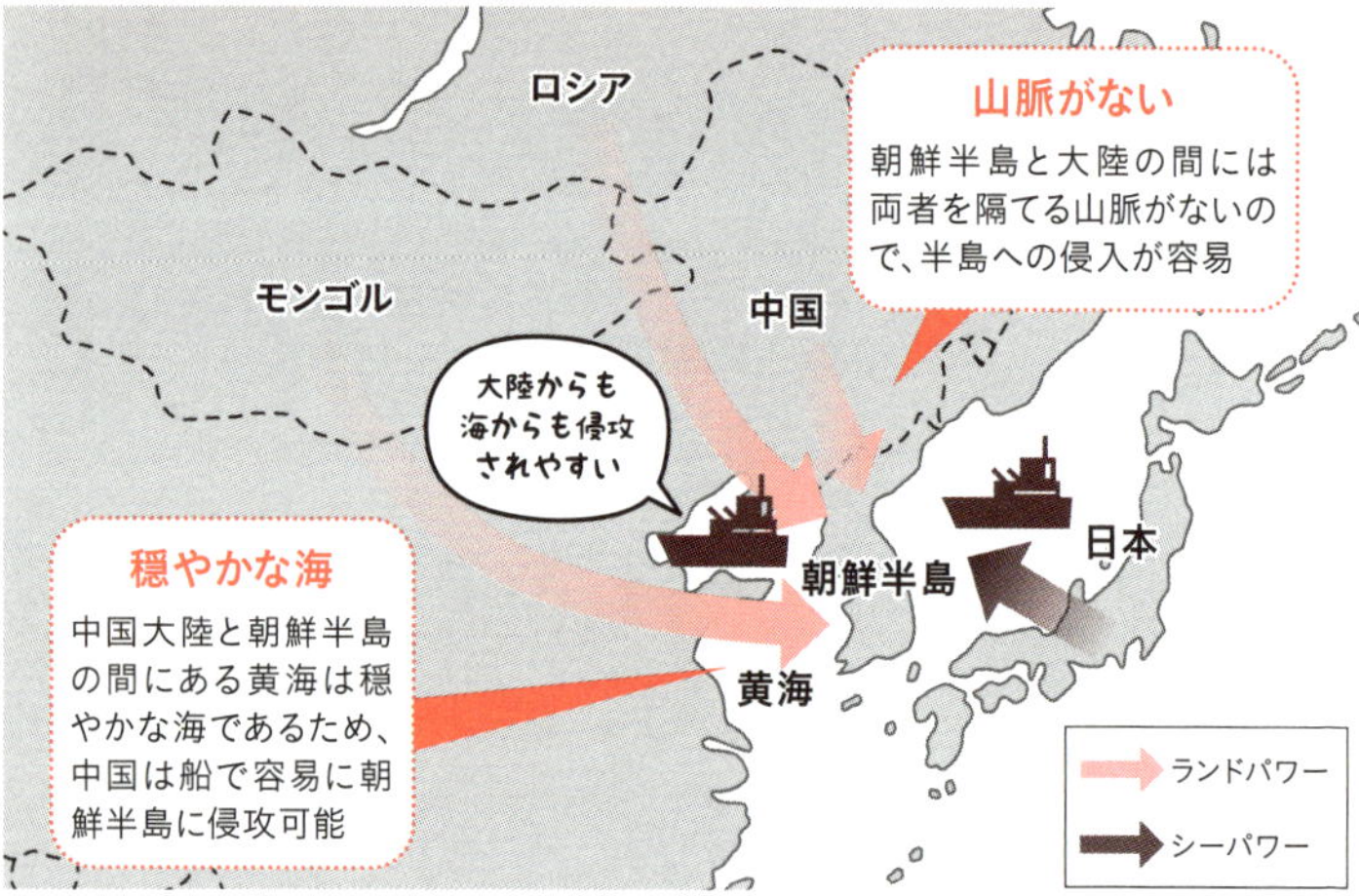
ロシア
モンゴル
中国
朝鮮半島
日本
黄海
大陸からも海からも侵攻されやすい
山脈がない
朝鮮半島と大陸の間には両者を隔てる山脈がないので、半島への侵入が容易
穏やかな海
中国大陸と朝鮮半島の間にある黄海は穏やかな海であるため、中国は船で容易に朝鮮半島に侵攻可能
ランドパワー
シーパワー

## 侵略の歴史を経て朝鮮戦争の舞台となる

朝鮮半島は、スパイクマンが重視し、紛争の起こりやすいエリアと指摘した「リムランド」（▶P36）の東端近くに位置しています。また、内陸部に位置する他国からの侵攻を遮る険しい山脈もなく、半島を囲む日本海、黄海は比較的穏やかなため、**ランドパワー、シーパワー双方からの脅威に晒されやすい**という地政学的な宿命を背負っているのです。

13世紀のモンゴル帝国（元）の侵攻、16世紀に豊臣秀吉が行った2度にわたる朝鮮出兵（文禄の

## 周辺国からの侵略行為に晒された朝鮮半島

日本
北部
南部
38°
❸朝鮮戦争の勃発
1950年に勃発した朝鮮戦争では、北朝鮮を中国が支援、韓国をアメリカが支援
❶韓国併合
1910年、日本は韓国を併合
❷北緯38度線で分断
1945年の日本の敗戦後、朝鮮半島は38度線で分断され、北部（北朝鮮）はソ連が、南部（韓国）はアメリカが占領

役・慶長の役）のほか、17世紀には清国に服属するなど、朝鮮半島は度重なる侵略を受けてきました。

1894年には日清戦争が勃発。日本の勝利によって朝鮮は清からの独立を果たしたものの、今度は南下政策を進めるロシアと日本が朝鮮半島で激突。1904年からの**日露戦争に勝利した日本は、1910年に朝鮮を併合**しました。

さらに朝鮮半島は、第二次世界大戦終結後、ソ連を中心とする東側と、アメリカを中心とする西側諸国との「バッファゾーン」となり、1950年には両陣営による**朝鮮戦争の舞台となった**のでした。

朝鮮半島の地政学②

# 強気でいられる理由は中国にあり

## 両陣営のバッファゾーンとなった北朝鮮

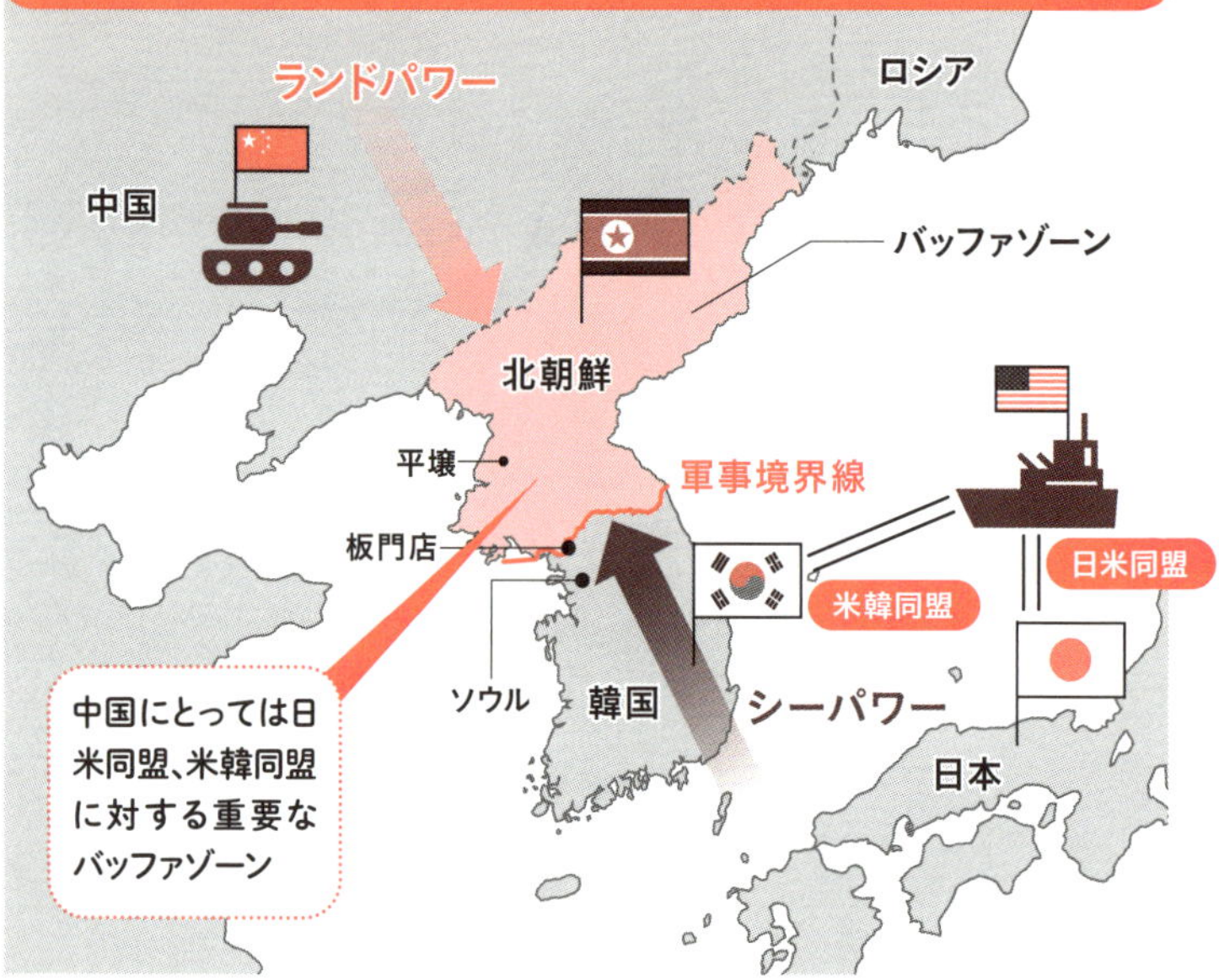


### 北朝鮮の危険な"瀬戸際外交"

東側と西側、ランドパワーとシーパワーの代理戦争といえる朝鮮戦争は泥沼化し、1953年に両陣営は休戦協定に調印。東側の朝鮮民主主義人民共和国（北朝鮮）と、西側の大韓民国（韓国）との国境となる軍事境界線（38度線）が確定しました。

建国当初、中国・ソ連と連携していた北朝鮮でしたが、中ソの関係悪化によって独自路線を模索

## 北朝鮮が近年発射したミサイル

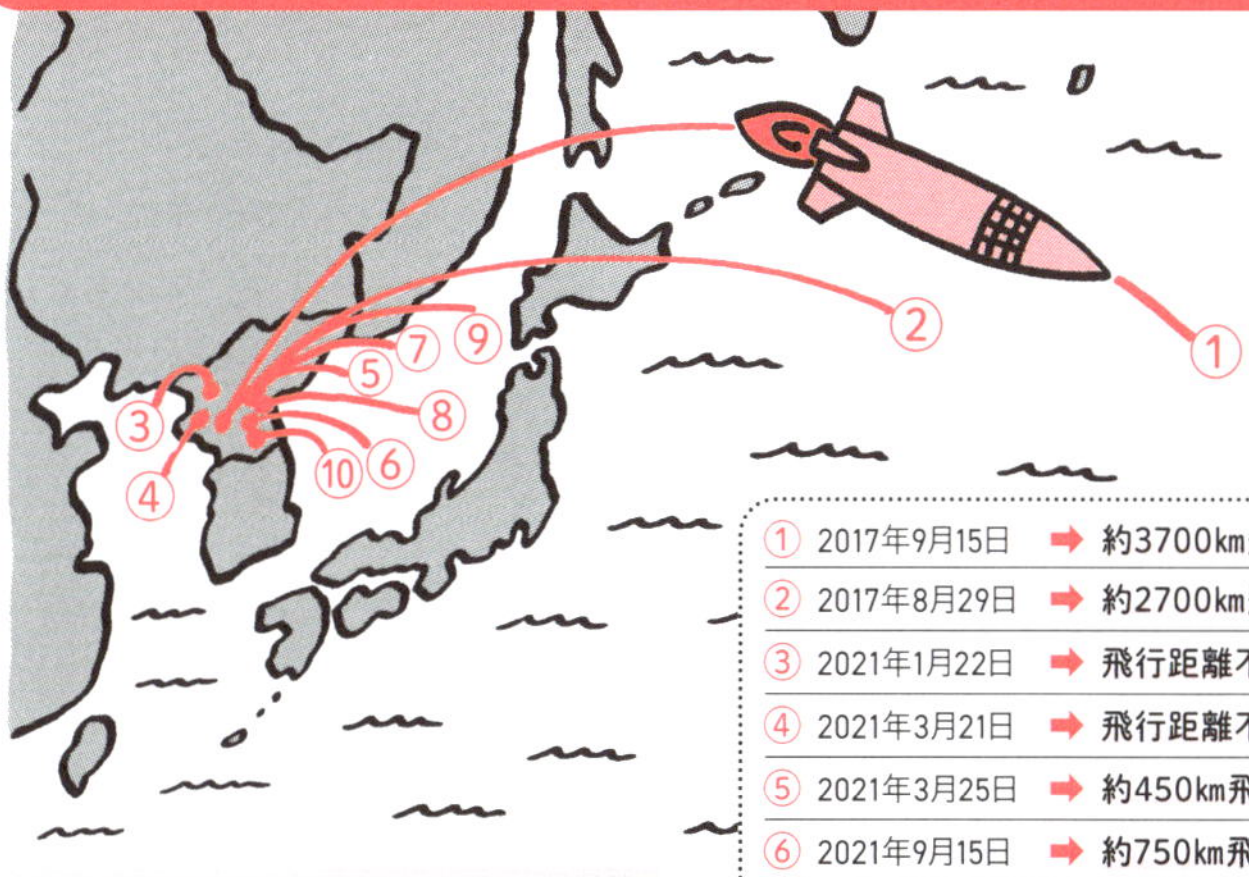


| | | |
|---|---|---|
| ① | 2017年9月15日 ➡ | 約3700km飛行 |
| ② | 2017年8月29日 ➡ | 約2700km飛行 |
| ③ | 2021年1月22日 ➡ | 飛行距離不詳 |
| ④ | 2021年3月21日 ➡ | 飛行距離不詳 |
| ⑤ | 2021年3月25日 ➡ | 約450km飛行 |
| ⑥ | 2021年9月15日 ➡ | 約750km飛行 |
| ⑦ | 2022年1月11日 ➡ | 約700km飛行 |
| ⑧ | 2022年1月30日 ➡ | 約800km飛行 |
| ⑨ | 2023年12月18日 ➡ | 約1000km飛行 |
| ⑩ | 2024年11月5日 ➡ | 約400km飛行 |
| | ⋮ | |

北朝鮮がミサイルの発射実験を続ける理由は、いざとなったらアメリカに核を搭載したミサイルで攻撃できるというカードをちらつかせて、アメリカから譲歩を引き出し、経済制裁を解除してもらうためです。

し、やがては最高指導者・金日成《キムイルソン》の独裁国家に変貌。権力を自身に集中させる「チュチェ（主体）思想」を掲げ、共産主義体制でありながら、最高権力者の世襲を維持しています。

冷戦終結後の1994年、北朝鮮は国際原子力機関（IAEA）からの脱退を宣言し、核開発を凍結する見返りとして、**アメリカからの軽水炉の提供と重油の供給を得るという〝瀬戸際外交〟を展開。**2002年にアメリカが核開発を続けているとして重油供給を止めると、**北朝鮮は2005年に核保有を宣言し、翌年に核実験を強行**しました。その後も北朝鮮は、核実験やミサイル発射実験をくり返しています。

そんな北朝鮮の最大の後ろ盾は中国です。アメリカとの対立が先鋭化する中、**中国は北朝鮮を、日米同盟・米韓同盟に対する重要なバッファゾーンと見ている**のです。

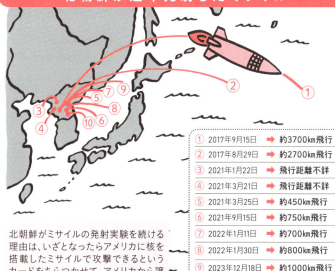

モンゴルの地政学

# 中国にもロシアにも偏らないバランス国家

ランドパワー大国となったモンゴル帝国の最大領土
東ヨーロッパ
ロシア
朝鮮半島
ユーラシア大陸の大部分を支配下に置き、ランドパワー大国となりました
チンギス・ハン

## バッファゾーンの特性を生かした外交

モンゴルは、マッキンダーが重要視した「ハートランド」（▶P32）の東南部に位置します。13世紀にはチンギス・ハンが、ユーラシア大陸の大半を版図に収める「モンゴル帝国」を建国しました。

やがて帝国は分裂しますが、ハンの孫であるフビライは、中国初の征服王朝「元」の初代皇帝として全土を支配。その元が滅びると、モンゴル民族はモンゴル高原へ戻り、17世紀には攻勢を強める清への帰順を余儀なくされました。

1912年に清朝が倒れると、

## 中ロどちらにも偏らないバランス外交

清朝（中国）に支配された後、ソ連（ロシア）の衛星国となったモンゴルは、モンゴル国成立後、二国との良好な関係を保ちつつ、どちらにも偏らない“バランス外交”を展開しています。現在、ロシア産の天然ガスをモンゴル経由で中国へ送るプロジェクトが進められていますが、これもモンゴルが両国と友好関係を築いているからです。

モンゴルは国境を接するロシア帝国の援助を受けて事実上の衛星国として独立。1924年にはロシア革命の影響を受け、ソ連に次ぐ世界で2番目の社会主義国家「モンゴル人民共和国」を樹立しました。

その後、ソ連との良好な関係を築いたモンゴルでしたが、1989年からの東欧革命の流れに乗り民主化し、1992年には「モンゴル国」と改称。現在は**ロシアと中国という二大国のバッファゾーン**としての特性を生かし、どちらにも偏らずにバランスを維持しつつ、**日本、アメリカ、ヨーロッパとの関係強化に努めています。**

台湾の地政学①

# 2つのマージナルシーに挟まれた重要地点

## 大陸国家を食い止める海洋国家の防波堤

ユーラシア大陸の東方に浮かぶ台湾は、**中国東岸部のリムランド**に含まれ、**東シナ海と南シナ海という二つのマージナルシーの結節点**（つなぎ目）に位置します。

さらに、台湾海峡というチョークポイントを有する台湾は、アメリカや日本などのシーパワー国家にとって、**ランドパワー国家である中国の海洋進出を食い止める重要な防波堤**なのです。

そもそも台湾は、1945年の日本敗戦後に巻き起こった国共内戦（▶P60）に敗れた国民党が、1949年に台湾に逃れて樹立した政権に端を発しており、中国はこれを認めていません。「一つの中国」の名のもとに、**「核心的利益の核心」と位置づける台湾の統一を「歴史的任務」であると宣言**し、台湾海峡周辺での大規模な軍事訓練、巨大空母の強行通過、台湾領空内への軍機の侵入といった挑発行為をくり返しています。

これに対して台湾は、近年、戦闘機、戦車、自走砲などをアメリカから輸入し、軍事力の増強を推進。米軍の司令官が「中国は6年以内に台湾を侵攻する可能性がある」と発言するなど、緊張は高まるばかりです。

トランプ大統領の再選により、東アジアは激動の舞台になるかもしれません。

## 台湾を巡る米中両国の駆け引き

2021年、習近平国家主席は台湾統一を「果たさなくてはならない」と発言。軍事的挑発をくり返しています。これに対してアメリカは、海軍駆逐艦とカナダ軍艦が台湾海峡を通過したことを発表。中国国防相が「平和と安定の破壊者」と強く反発し、両国間の緊張が高まっています。しかし、ドナルド・トランプが大統領にカムバックしたことで、アメリカは直接台湾有事にかかわることをせず、有事の際は台湾自身や日本にその対処を押し付けるかもしれません。

## 台湾情勢を巡るアメリカ、中国、日本の姿勢

**◎大原則＝一つの中国！**

1.世界で中国はただ一つ
2.中華人民共和国（大陸政府）が唯一の合法政府
3.台湾は中国の不可分の一部

**◎あいまい戦略**

一つの中国の立場に立つが、その一方で台湾への武力支援を行う
→中国が台湾へ武力行使した場合の対応を明確にしない

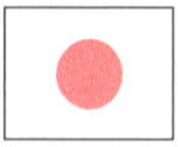

**◎1972年の日中国交正常化（日中共同声明）を機に、日本と台湾の正式な外交関係が途絶える**

→台湾との関係に関する日本の基本的立場は、日中共同声明にあるとおりであり、台湾との関係について非政府間の実務関係として維持してきています。 外務省の見解としては、台湾をめぐる問題が中国、台湾同志の直接の話し合いを通じて平和的に解決されることを希望しています。

台湾問題を中国は長期的に考えている？

台湾の地政学②

# 台湾有事の可能性が限りなく低い理由

## 台湾の半導体工場を攻めたくない中国

今無理に攻めて
台湾の半導体工場を破壊するのは
中国の利益にならない
供給
習近平

中国にとって、台湾は最大の半導体の供給元です。もし、無理に台湾に侵攻すると、台湾からの半導体の供給が停止し、中国の機械産業が大きな打撃を受けることになります。それゆえ、長期的スパンで台湾と中国本土の統一を目指すほうが得策だと、中国政府は考えている可能性が高いのです。

もし中国が台湾に侵攻したらロシア・ウクライナ戦争に直接介入しないで、代わりにウクライナに武器の供与を行ったように、アメリカは台湾を間接的に支援するだけに留める可能性が高いでしょう。そのとき、日本はウクライナと地政学的に陸続きのポーランドのように、否が応にも巻き込まれるかもしれません。

## 台湾侵攻が起きない2つの理由

台湾有事が起こるかどうかの議論が昨今さかんになっています。しかし、**2つの理由でその可能性は低い**といえます。ひとつは台湾は海に囲まれたシーパワーの国で、**中国軍による上陸作戦は困難を伴うから**です。それはノルマンディー上陸作戦や硫黄島の戦いなど、過去の戦いからも明らかです。おまけに、台湾周辺の海域の地形をアメリカと日本は熟知しており、両国の潜水艦は世界最先端のレベルにあります。

もうひとつの理由は**台湾には世界最大級の半導体工場があること**。そのため、台湾は中国にとって大きな利益源であり、中国が武力侵攻して工場を破壊するとは考えにくいのです。

中国の経済成長を考えてみても、今後ますます台湾への依存度は高くなるでしょう。そのとき親中である台湾国民党が政権を握っていれば、**台湾が自ら近寄ってくる可能性さえあります**。武力を用いるより、じっと待つ方が賢明だと中国が判断していると考える方が自然です。

とはいえ、台湾有事が起こる可能性はゼロではありません。そのとき、アメリカは直接介入しないで、**ウクライナの役割を日本にやらせる**。あるいは台湾がウクライナの役割で、**日本はポーランドの役割を担わされる**ことになるかもしれません。こうした最悪のシナリオを想定することも大切です。

### Key point! 与那国島の地政学的価値と進む要塞化

日本最西端に位置し、台湾に最も近い与那国島では自衛隊による要塞化が進んでいます。そこで、懸念されるのが日本と中国の偶発的な戦闘(※1)から本格的な戦争に発展すること。それを防ぐためには、日本の首相官邸と中国共産党中央弁公庁(※2)との間にホットラインを構築しておく必要があります。

※1航空機によるニアミスや誤射など。　※2習近平国家主席の秘書室。

フィリピンの地政学

# 米中の狭間で“天秤外交”を展開

## 両大国を天秤にかけたドゥテルテ前大統領

南シナ海の東端に浮かぶフィリピンは、**アメリカにとっては「アジアへの入口」、中国にとっては「太平洋への出口」**に位置します。

16世紀よりスペインに植民地支配されていたフィリピンは、1898年の米西戦争におけるスペインの敗戦によって独立するも、今度はアメリカによって統治され、太平洋戦争中の日本軍統治を経て、1946年にようやく独立を果たしました。しかし、アメリカは、中国、ベトナムと南シナ海を挟んで対峙するフィリピンを重要視。軍事基地協定を結んで米軍の駐留を続けてきたのです。

1991年、基地協定の期限切れによって米軍が撤退すると、海洋進出を狙う中国が行動を起こします。1994年に南《なん》沙《さ》諸島のミスチーフ礁を占拠して実効支配し、その範囲を拡大させていったのです。

そこでフィリピンはアメリカとの間に地位協定を結んで同盟を強化しつつ、中国の行動を常設仲裁裁判所に提訴。2016年に**中国の正当性を否定する判決が下されましたが、ここでフィリピンのドゥテルテ前大統領は、一転して中国に急接近。判決を棚上げにする代わりに総額240億ドルの経済協力と投資の確約を引き出し**たのでした。

## 米中を天秤にかけるフィリピンの外交

Key point!

### フィリピンの天秤外交に変化が？

アメリカに地位協定の破棄を通告し、後に撤回。中国と領有権を争っていた南沙諸島問題を棚上げして経済協力を引き出すなど、ドゥテルテ前大統領はまさに両大国を揺さぶる"天秤外交"を展開しました。その後、2022年6月にボンボン・マルコスが新大統領に就任。外交面ではドゥテルテの政策を受け継いで、対米・対中関係を中心にしつつ、東南アジア近隣諸国との連携の強化を模索しています。トランプの大統領復帰を受けて、今後外交政策にどのような変化が見られるか、注目されています。

ベトナムの地政学

# 東西対決の激戦地となったリムランドの半島国家

## 無情な南北分断と多くの紛争

インドシナ半島の根元から、東の海岸線沿いに細長く延びるベトナムは、**ランドパワー国家とシーパワー国家の衝突を招きやすいリムランドの半島**という宿命を背負っています。

北で国境を接する中国に紀元前から10世紀にわたって支配された後、19世紀後半にフランスに侵略され、カンボジア、ラオスとともに「フランス領インドシナ連邦」に組み込まれました。第二次世界大戦後、ホーチミンによって社会主義国家「ベトナム民主共和国」の独立が宣言されますが、旧領主国のフランスがこれを許さず、インドシナ戦争が勃発。1954年の「ジュネーブ協定」によって、北緯17度線で北の「ベトナム民主共和国」と、南の「ベトナム国」に分断され、今度は冷戦下における**東西対立のバッファゾーン**となったのです。

その後、泥沼化したベトナム戦争を経て、1976年に「ベトナム社会主義共和国」が成立。しかし、メコンデルタ(メコン川下流の三角州)の領有を巡って隣国のカンボジアを攻撃したことが中国の怒りを買い、国境地帯で戦争状態となります(中越戦争)。

この武力衝突は中国軍の撤退で終結しますが、**両国は今も南シナ海の領有をはじめ、様々な問題を抱えています。**

## ベトナム・中国間の紛争と両国が主張する南シナ海の海域

### 西沙《せいさ》諸島の戦い（1974年）

西沙（パラセル）諸島をめぐって両国が激突。勝利した中国が西沙諸島を領有。

### 中越戦争（1979年）

ベトナムが中国の支援を得ていたカンボジアの武装組織（クメール・ルージュ）を攻撃したため、怒った中国軍はベトナム北部へ進攻。ランソンなどを占領するも、苦戦したために自主的に撤退。

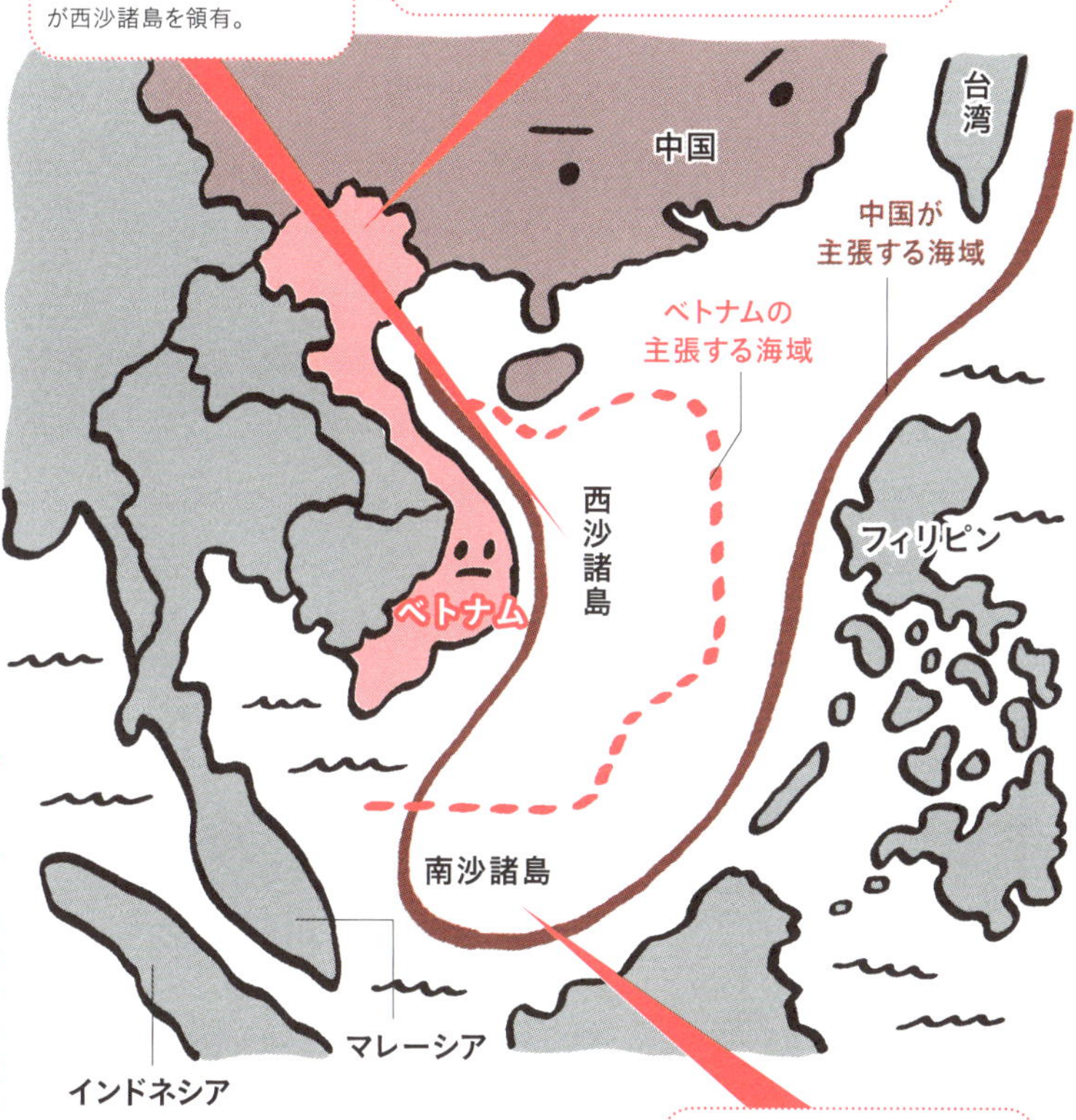


### スプラトリー諸島海戦（1988年）

南沙（スプラトリー）諸島のジョンソン南礁に上陸していたベトナム兵を中国艦艇が銃撃。

**中国は南シナ海の大部分を巡り、歴史的な領有権を持つと主張していますが、ベトナムをはじめとする近隣諸国やアメリカは国際法に基づく根拠がないとしています。**

南シナ海で両国が領有権を主張する海域は、広範囲にわたって重複しており、その一部はフィリピン、ブルネイ、マレーシアの主張する海域とも重なっています。

独立を守った地政学的理由とは？

タイの地政学

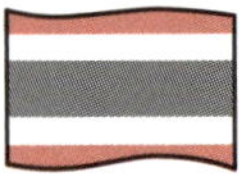

# 唯一植民地化されなかったインドシナ半島の中心

## 地政学的特性を生かした全方位外交

インドシナ半島の中心部に位置するタイは、**東南アジアのリムランドにありながら、ランドパワー、シーパワー双方からの侵略を受けなかった幸運な国**です。

ベトナム、ラオス、カンボジアといった国々がフランス領インドシナ連邦とされた19世紀末、北西で国境を接するビルマ（ミャンマー）は、隣接するイギリス領インドに組み込まれました。その結果、東のフランス領、西のイギリス領との中間に位置することとなったタイは、**英仏の直接対決を回避するためのバッファゾーンとして残された**のです。こうしてタイは、東南アジアで植民地化されなかった唯一の国となり、王国としての独立を保ちました。

第二次世界大戦でも直接的な戦禍を免れたタイは、ベトナム戦争では米軍基地を置くなどしてアメリカに協力。その一方で、ソ連、中国、ベトナムといった社会主義陣営との関係も維持し、東南アジア諸国連合（ＡＳＥＡＮ）にも当初から加盟して周辺国との良好な関係を築いています。

そんなタイで注目されているのが、マレー半島の最狭部・クラ地狭を東西に貫くタイ運河の建設です。**実現すれば、マラッカ海峡経由に比べて航行距離が約1200㎞も短縮されます。**

## 英仏のバッファゾーンとして残されたタイ

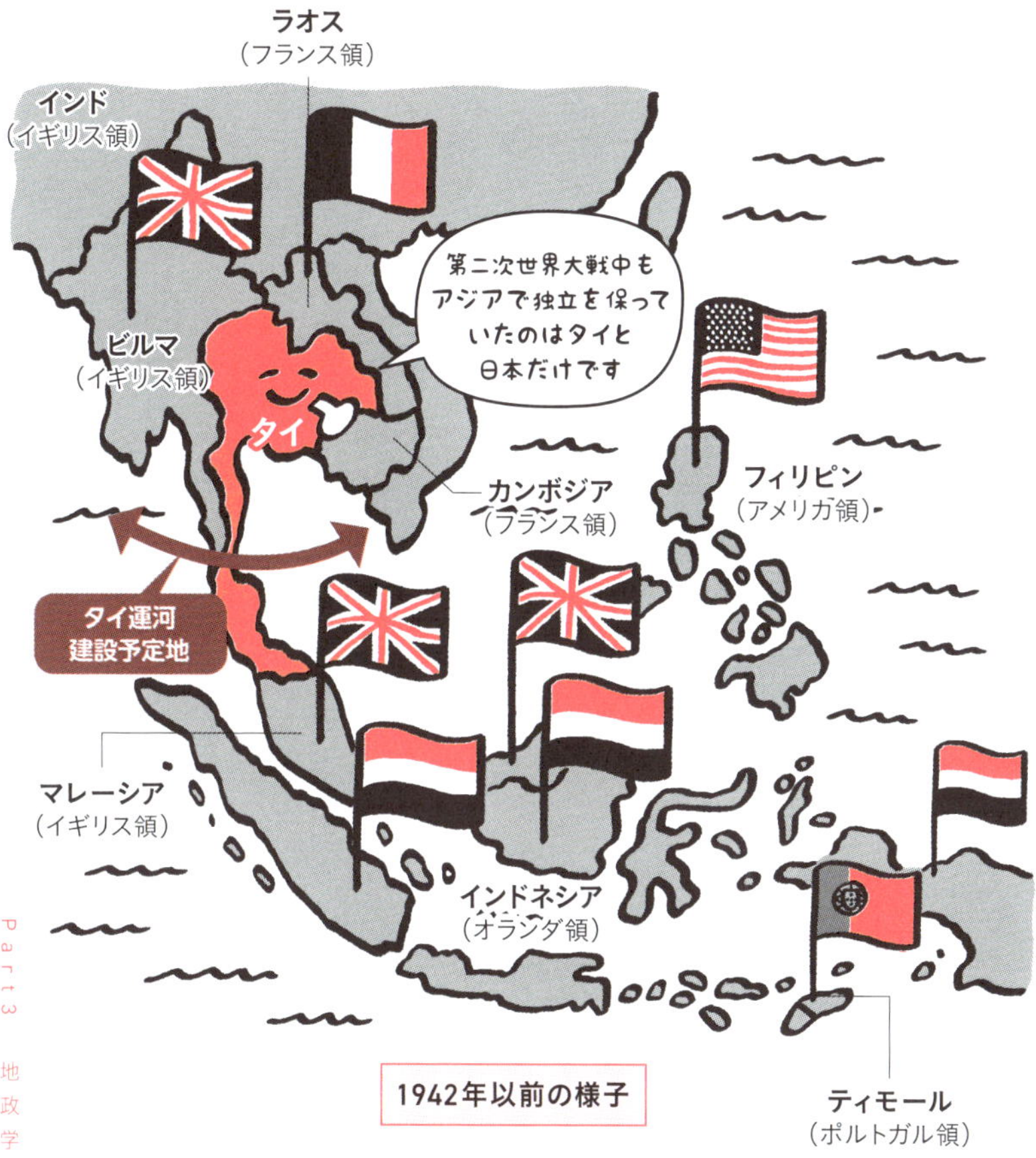


Key point!

### 英仏の思惑で独立を維持

イギリスは1885年からの第三次ビルマ戦争に勝利し、翌年に全ビルマを占領。1893年にラオスの宗主権をタイから獲得したフランスと、タイを挟んで向き合うこととなりました。そこでイギリス、フランス両国は、タイを緩衝地帯として残すことを定めた英仏宣言を発表し、紛争を回避したのです。

絶妙なバランス感覚で生き残りを図る

ミャンマーの地政学

# 中・印・ロの思惑が交錯する地

## “宿敵”インドと中国に挟まれたミャンマー

### 各国の利害が交錯……クーデターの終わりは見えず

東南アジアの西端、インドシナ半島西部に位置するミャンマー連邦共和国は、国境を巡って係争を続ける中国とインドに挟まれています。

中国は、インド洋への地政学上の要衝であるミャンマーに、物流ルート「中国・ミャンマー経済回廊」や、原油・天然ガスパイプラインの建設など、多額の投資を続けています。

一方のインドも、ビルマとして独立した当初から国軍との良好な関係を築き、近年は100社以上のインド企業が進出するなど経済的なつながりも深めています。

## 軍事クーデターに対する各国の姿勢

| | | |
|---|---|---|
| | インド | 民主主義の回復を望むものの、公然と非難すれば軍事政権が中国に接近することを懸念し、静観する姿勢を見せている。クーデター以降、6万人以上のミャンマー市民がインドへ避難している。 |
| | 中国 | クーデター半年後の8月末、ミャンマーに特使を派遣してフライン国軍総司令官らと会談。9月末までに約1300万回分の新型コロナウイルスワクチンを提供するなど、軍事政権を事実上承認している。 |
| | ロシア | クーデター直後、「ミャンマー総選挙で不正があり、国軍は行動せざるを得なかった」とクーデターを追認。「戦略的パートナー」と呼び、武器輸出や軍事協力などの支援を強化している。 |

ミャンマーを地政学的要衝とするインドと中国は、1997年頃から民主化政権への支援競争を激化。軍事クーデター後はロシアもミャンマーをアジア太平洋地域における戦略的パートナーとして位置づけ、参戦している。

2021年、ミャンマー国軍は**〝民主化の象徴〟であるアウン・サン・スー・チーらを拘束し、軍事クーデターを断行。**西側諸国が軍事政権に対する非難を続ける中、ロシアはいち早くクーデター支持を表明。武器輸出といった協力を強化しています。

一方、中国は、欧米各国が提案したミャンマー国軍幹部らへの制裁に反対。インド政府は「深刻な懸念」を表明したものの、軍事政権に対する態度を明確にしていません。**こうした各国の対応が、国内での混乱を悪化させ、**今現在も民主派武装勢力と軍事政権との間で激しい戦いがくり広げられています。

シンガポールの地政学

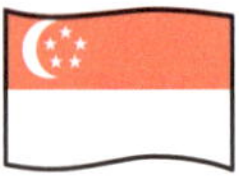

# アジアの中心に位置するシーレーン上の都市国家

## 経済に特化した〝ASEANの首都〟

　シンガポールは、インドシナから南に伸びるマレー半島の南端にある都市国家です。リムランドの南部に位置し、約60の島から構成されるこの小国は、1824年にイギリスの植民地となりました。その後、マレーシアの一州となり、1965年にシンガポール共和国として独立しています。

　シンガポールの地政学的な特性は、第一に**アジアのほぼ中心に位置するため、アジア地域の物流・流通の拠点（ハブ）に最適**であること。加えて、**インド洋と東シナ海を結ぶシーレーンの重要なチョークポイントであるマラッカ海峡に面している**ことです。独立以降、この特性を活かしたシンガポールは、貿易とファイナンスによって安定的な経済成長を遂げ、〝ASEAN（東南アジア諸国連合）の首都〟と呼ばれる存在になりました。

　世界のビジネスセンターとなったシンガポールは、グローバル化する世界経済を担うべく、知識集約型産業の基盤の構築と多国籍企業の地域統括会社の誘致を通じ、産業構造の高度化に成功。アメリカを中心とした大国主導のグローバル経済ではなく、世界の都市同士が、物流、金融、情報、エネルギーでネットワークを作る、**新しいグローバル経済の先進モデル**として注目されています。

# シンガポールからアジア主要都市までの空路

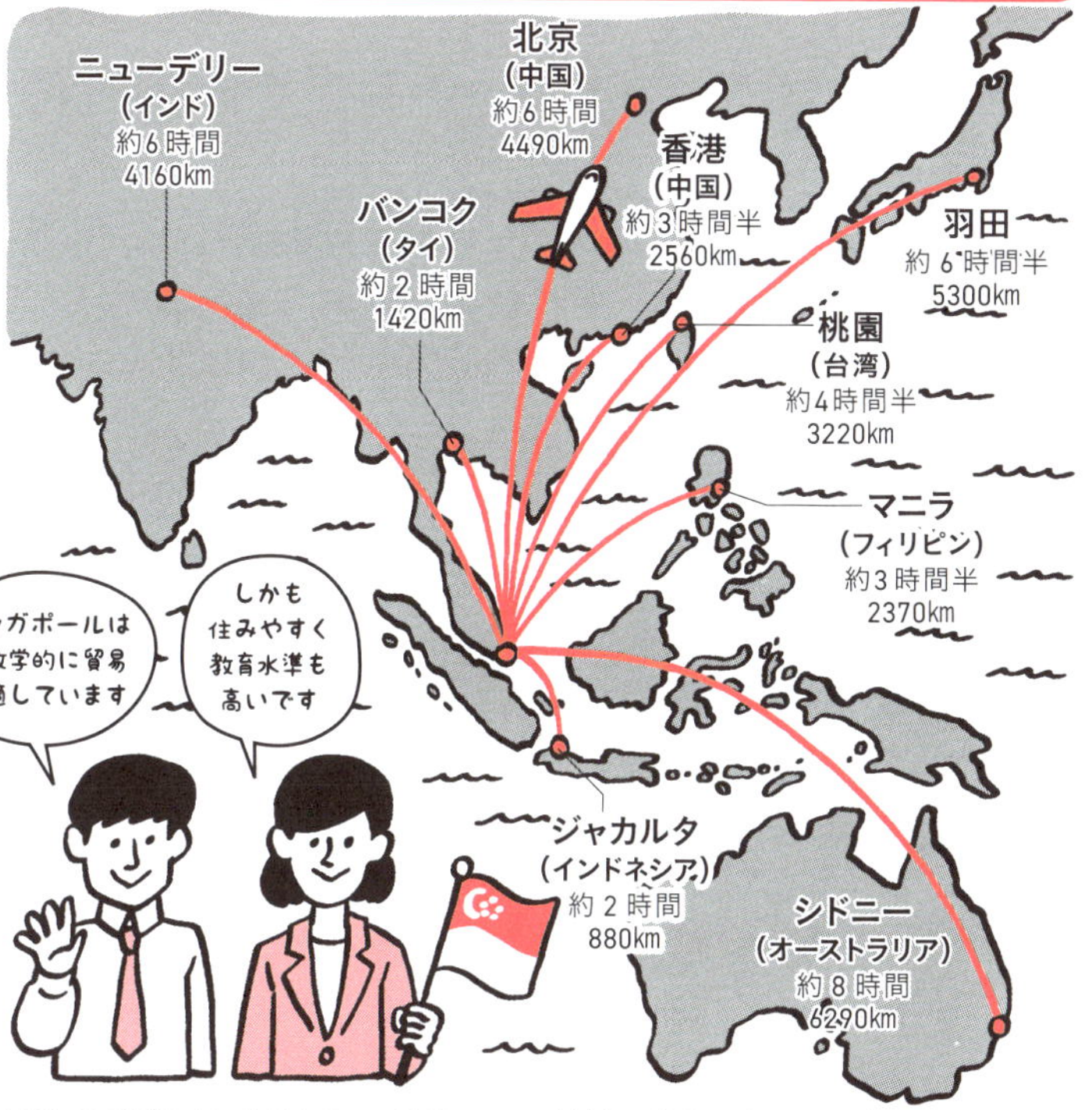


アジアのほぼ中央に位置するシンガポールは、立地的に物流・流通のハブとして優れています。

# 住みやすい最先端都市シンガポール

**国際競争力**
(2023※1)

1 シンガポール
2 スイス
3 デンマーク

**スマートシティランキング**
(2023※1)

1 チューリッヒ(スイス)
2 オスロ(ノルウェー)
7 シンガポール

**世界の空港**
(2024※3)

1 ハマド空港(カタール)
2 チャンギ国際空港(シンガポール)
3 仁川国際空港(韓国)

**世界デジタル競争力**
(2023※1)

1 アメリカ
2 オランダ
3 シンガポール

**国際数学教育動向調査(中学生)**
(2023※2)

1 シンガポール
2 台湾
3 韓国

**世界の航空会社**
(2024※3)

1 カタール航空
2 シンガポール航空
3 エミレーツ航空

※1 IMD(国際経営開発研究所)より
※2 TIMSS(国際数学・理科教育動向調査)より
※3 Skytrax(イギリスの航空サービスリサーチ会社)より

マラッカ海峡というチョークポイントを抱える

インドネシアの地政学

# インド洋と太平洋を結ぶASEANの大国

## 東南アジアの大国インドネシア

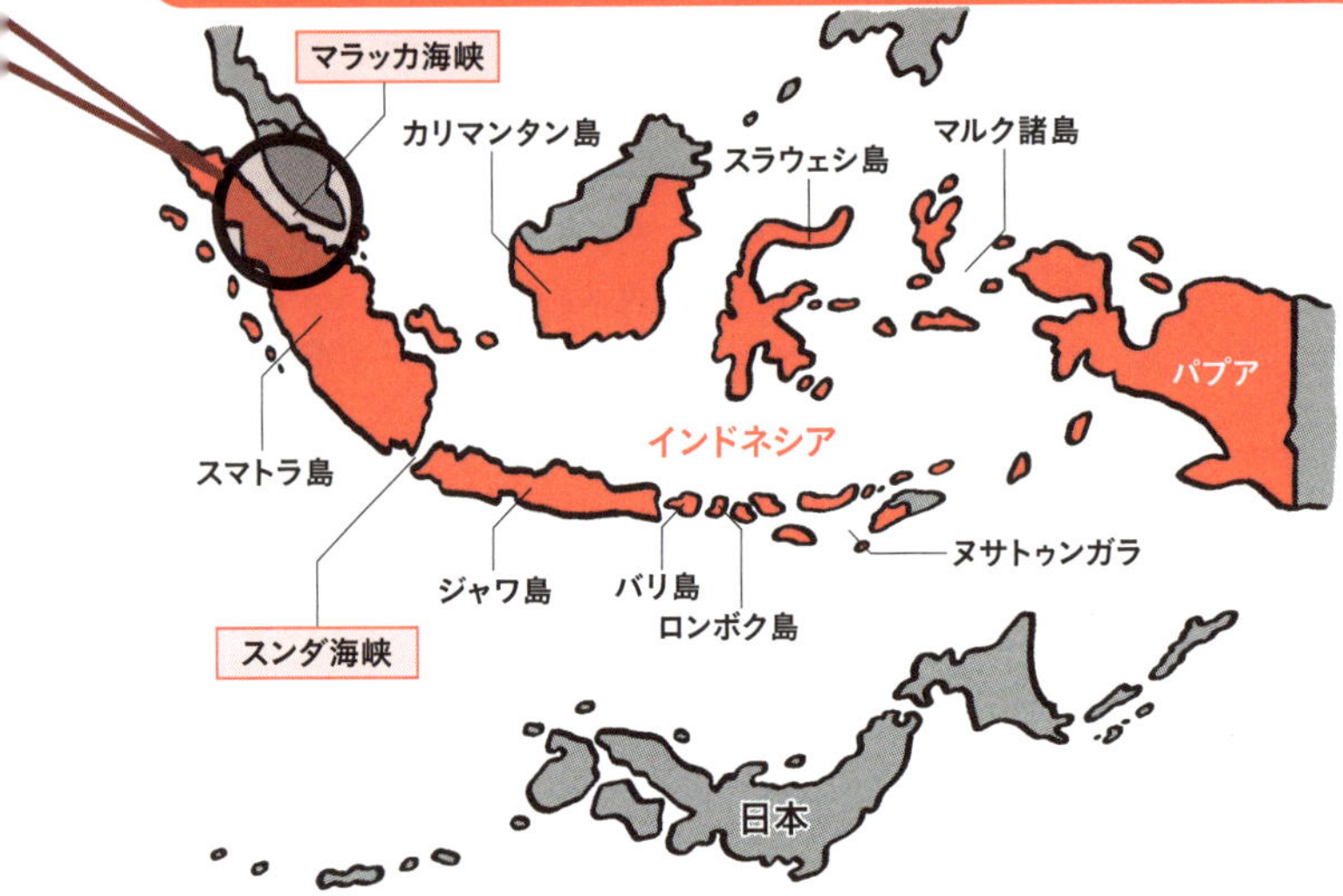

マラッカ海峡
カリマンタン島
スラウェシ島
マルク諸島
パプア
インドネシア
スマトラ島
ヌサトゥンガラ
ジャワ島
バリ島
ロンボク島
スンダ海峡
日本


インドネシアの国土面積は、東南アジア最大、世界14位となる約192万㎢で、日本(約37.8万㎢)の約5倍を誇ります。

### 海洋安全保障に焦点 海洋大国復活を目指す

インドネシアは、**1万7000以上の島が東西5000㎞以上にわたって連なる世界最多の群島国家**です。人口は世界4位、ASEAN全体の40%以上を占める約2億8000万人を数え、**世界最大のイスラム国家**としても知られています。

リムランドの南端に位置し、マラッカ海峡やスンダ海峡などのシーレーン上の要衝を抱えるイン

インドネシア、マレーシア、シンガポールの島々に挟まれたマラッカ海峡は、アジアと中東を結ぶチョークポイントで、日本が輸入する原油の約9割が通過しており、年間通過隻数約13万隻（2023年）という混雑度世界一の海峡です。

ドネシアでは、ここを**貿易拠点にしようとする欧州列強による争奪戦が大航海時代からくり返されてきました**。1799年にオランダ領東インドの植民地となり、1942年には日本に占領され、オランダとの独立戦争を経て、1949年に独立を果たしています。

　初代大統領スカルノは、いかなる軍事同盟にも参加せず、外国軍の駐留や基地の設置を認めない「非同盟主義」と、国益を重視した全方位外交を推進。以降の政権もこれを継承しつつ、ASEANのリーダーとしての存在感を保ってきました。

　2014年に開かれた東アジア首脳会議でジョコ・ウィドド大統領は、自国をインド洋と太平洋を結ぶ軸となる海洋国家と位置づけ、海上貿易、海洋インフラ、海洋安全保障などに焦点を当て、インドネシアの国際的地位の向上を図る方針を示しています。

対立するヒンドゥー教徒とイスラム教徒

インドの地政学①

# イギリスに翻弄された南アジアの大国

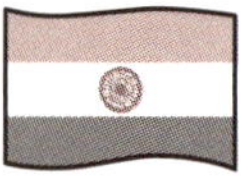

## 避けられなかったパキスタンの分離独立

ユーラシア大陸の南に大きく突き出しているインド半島には、古代より小国が乱立していましたが、16世紀にムガル帝国がほぼ全土を統一。1858年、この帝国をイギリスが滅ぼし、イギリス領インド帝国を成立させました。

当時のイギリスは中央アジアの覇権を巡り、「グレート・ゲーム」と呼ばれるロシアとの抗争をくり広げていました。イギリスはロシアの南下を防ぐため、インド帝国の北西に位置するアフガニスタンを保護国とし、中国の侵攻に苦しんでいた北東のチベットを独立させ、ロシアとインドとのバッファゾーンとしたのです。

第一次世界大戦後、ガンジーやネルーらの指導によって独立運動が高まりを見せると、イギリスはイスラム教徒とヒンドゥー教徒の対立を煽《あお》るため、全インド・ムスリム連盟を育成。分割統治による植民地支配を続けようとしましたが、独立運動の高まりを受け、第二次世界大戦中に終戦後の独立を認めます。

しかし、1947年、統一インドを目指すガンジーに対し、インド・ムスリム連盟がパキスタンの分離独立を主張。**北西部のパンジャブ州と東部のベンガル州は「英連邦王国パキスタン」、それ以外の地域は「インド連邦」として独立**しました。

## 両サイドにパキスタンとバングラデシュを抱えるインド

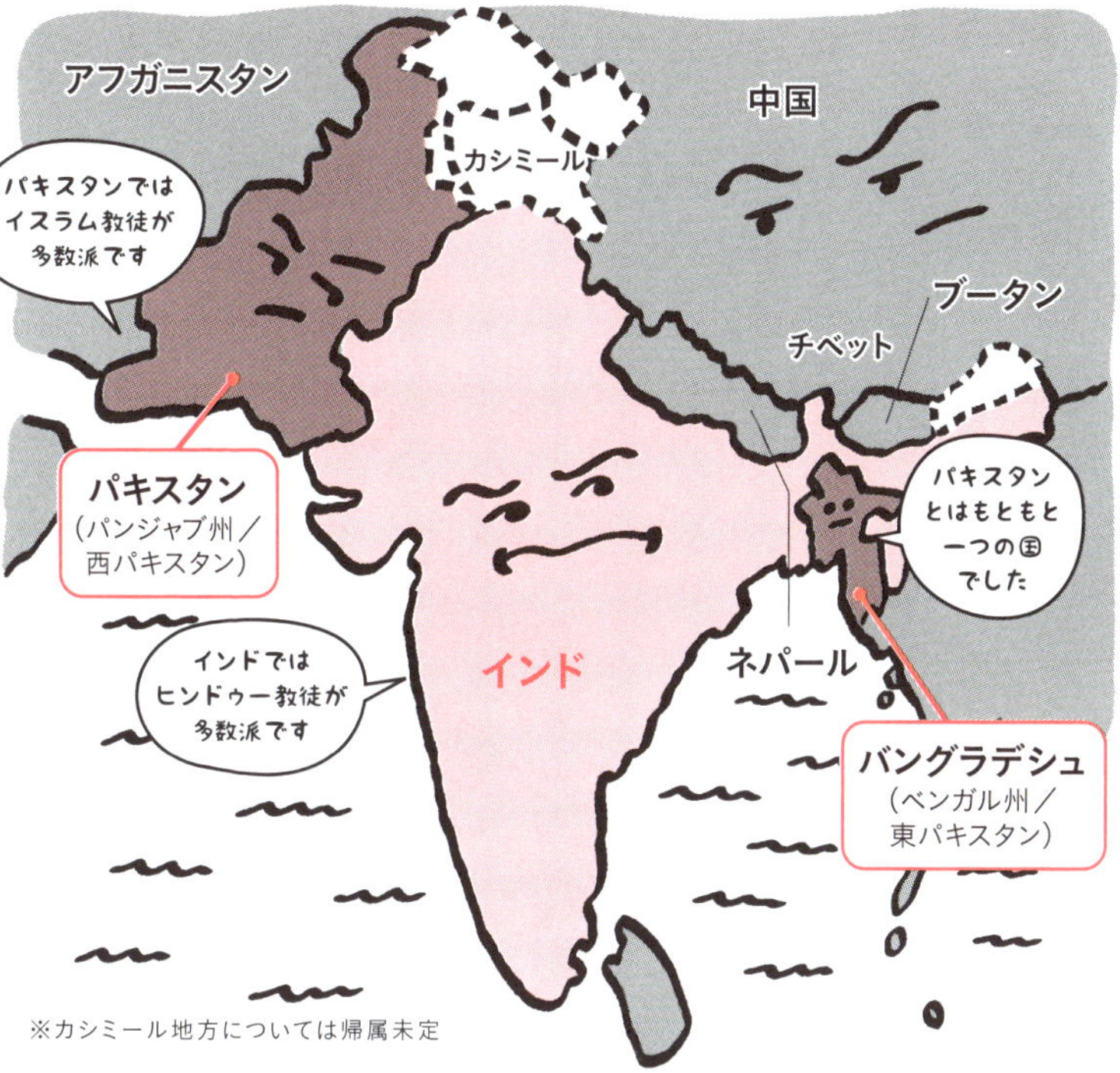


※カシミール地方については帰属未定

1913年に独立したチベットは、1965年に中国の自治区となりました。英連邦王国パキスタンは「東パキスタン」を経て、1971年にバングラデシュとして独立しています。

### Column　ベンガル人の国「バングラデシュ」

1947年に英連邦王国パキスタンとして独立したパンジャブ州（西パキスタン）とベンガル州（東パキスタン）は、イスラム教徒という共通点しかなく、言語も人種も異なっていました。1970年、東パキスタンの総選挙で自治を目指すアワミ連盟が勝利すると、西パキスタンが東へ侵攻して100万人ものベンガル人を殺害。東側がゲリラ戦で立ち向かったことで内戦がはじまると、東を支援するインドが介入して第三次印パ戦争が勃発しました。西パキスタンがこれに敗れたことで、1971年、バングラデシュ人民共和国の独立が宣言されたのです。

インドの
地政学②

# シーレーン戦略で勝つのはどっち？

## インドと中国、それぞれの海上安全保障戦略

チベット
シットウェ港
中国
ミャンマー
チャウピュ港
ダイヤのネックレス
中国の「真珠の首飾り」に対抗してインドが打ち出した海洋戦略。日本、アメリカ、東南アジア諸国、オーストラリア、アフリカ東部の国と連携してネットワークを構築し、「真珠の首飾り」を外側から包囲するという戦略です。

### 大陸からインド洋へ高まる緊張関係

インドとパキスタンの分離独立は、北部国境地帯での緊張を生むことになりました。国境付近に広がる山岳地帯カシミールの領有を巡って、独立直後に第一次印パ戦争が勃発したのです。

一方、インドと中国は友好関係にありましたが、両国のバッファゾーンであるチベットで動乱が発生。チベット亡命政府がインドに亡命したことで中印の対立が深まり、1962年に中印国境紛争が巻き起こりました。さらに、中国が利害の一致するパキスタンに軍事支

\ Point! /

### 世界における核保有国の現状

現在、核兵器の保有を公表しているのは、アメリカ、イギリス、フランス、ロシア、中国、インド、パキスタン、北朝鮮の8ヵ国。公表はしていませんが、イスラエルも核保有国だと考えられています。

### 真珠の首飾り

中国が構築しようとしているシーレーン戦略。ミャンマーのチャウピュ港、スリランカのハンパントタ港、パキスタンのグワダル港などの港湾建設・整備を中国が支援し、足場を固めた上でシーレーンを確保しようとしています。インドを取り囲むようにつながるシーレーンが首飾りのように見えることから、アメリカによって名付けられました。

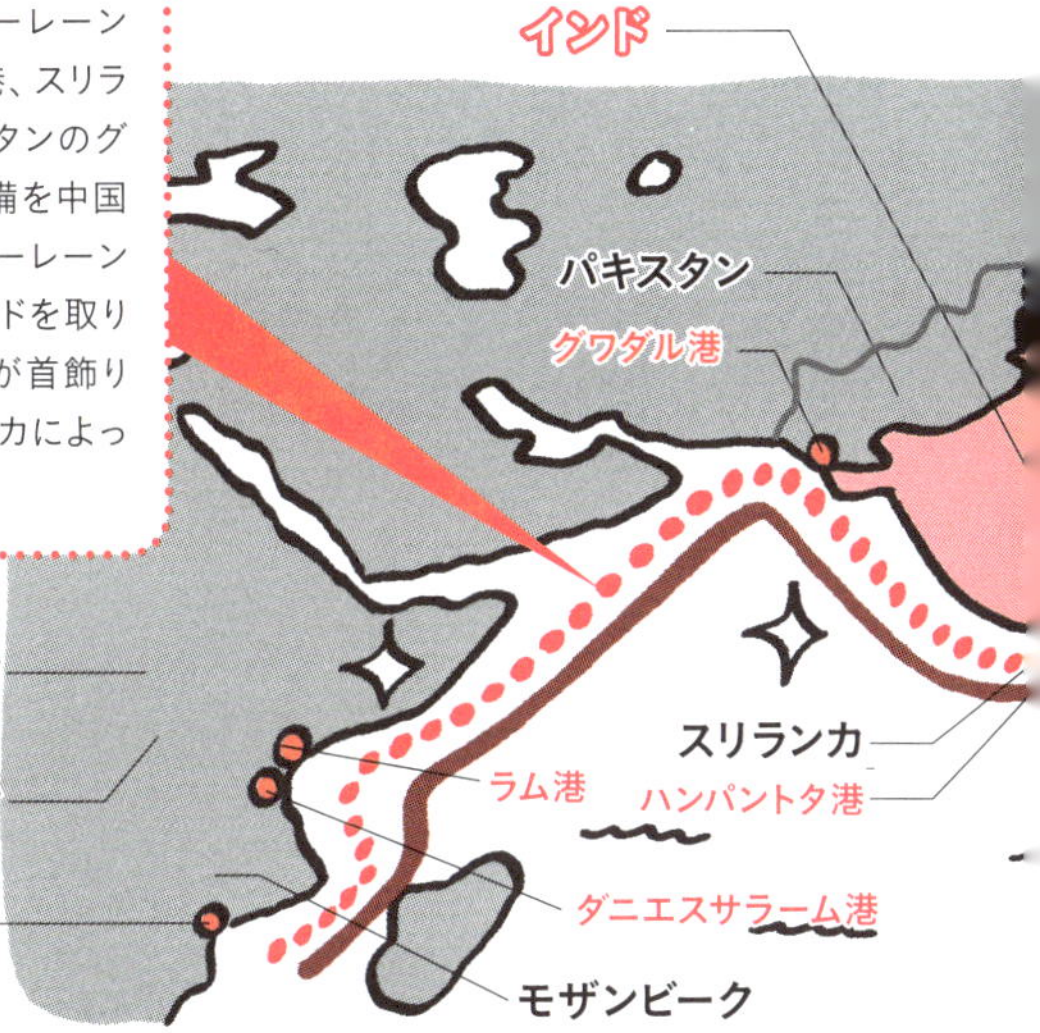
インド
パキスタン
グワダル港
ケニア
タンザニア
スリランカ
ラム港
ハンパントタ港
ダニエスサラーム港
ベイラ港
モザンビーク

援を行うと、中国との対立を深めるソ連がインドに急接近。**中国が1964年に核実験を行えば、インドも1974年に核実験を実施。パキスタンも1998年に事実上の核保有国となりました。**

インドと中国・パキスタンとの敵対関係はインド洋にも及び、中国は「**真珠の首飾り**」と呼ばれる戦略を進めています。ミャンマーやパキスタンなどの港の運営権を手に入れ、インド包囲網を形成したのです。インドはこれに対抗し、アメリカ、日本、ASEAN諸国と連携して「**ダイヤのネックレス**」戦略を打ち出しています。

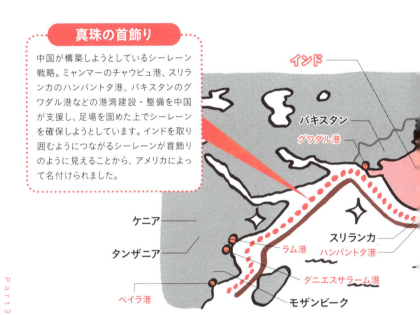

対インドのためにイラン・中国と手を組む

パキスタンの地政学

# テロ組織を育てた四大文明の成立地

## 対インド政策がパキスタン外交の基本

**アジアと中東地域を結ぶ要衝に位置するパキスタンは、世界四大文明のひとつ「インダス文明」の成立地**として知られています。

その後、712年にウマイヤ朝に征服され、早くもイスラム化したパキスタンでは、イギリス植民地時代の1906年に全インド・ムスリム連盟が誕生。ヒンドゥー教を信仰するインドから分離独立を目指し、1947年にその願いを叶えたのです。

こうして誕生したパキスタン・イスラム共和国は、第一次～三次にわたる印パ戦争をくり広げつつ、**インドがソ連へ近づけばアメリカへ接近し、ソ連と敵対していた中国との連携を図る**といった外交を展開。1978年に勃発したアフガニスタン紛争では、軍事侵攻に踏み切ったソ連に対抗すべく、アメリカとともに「ムジャーヒディーン」と呼ばれるイスラム義勇兵を支援しました。

この時、アメリカがパキスタン経由で供与したスティンガーミサイルはソ連軍を大いに苦しめ、やがて撤退に追い込みます。ソ連軍が去った後に残された大量の兵器は、ムジャーヒディーンから生まれた軍事勢力「タリバン」、さらには国際テロ組織「アルカーイダ」の武器となり、やがてアメリカを苦しめることになるのです。

## イラン・パキスタン・中国の連携

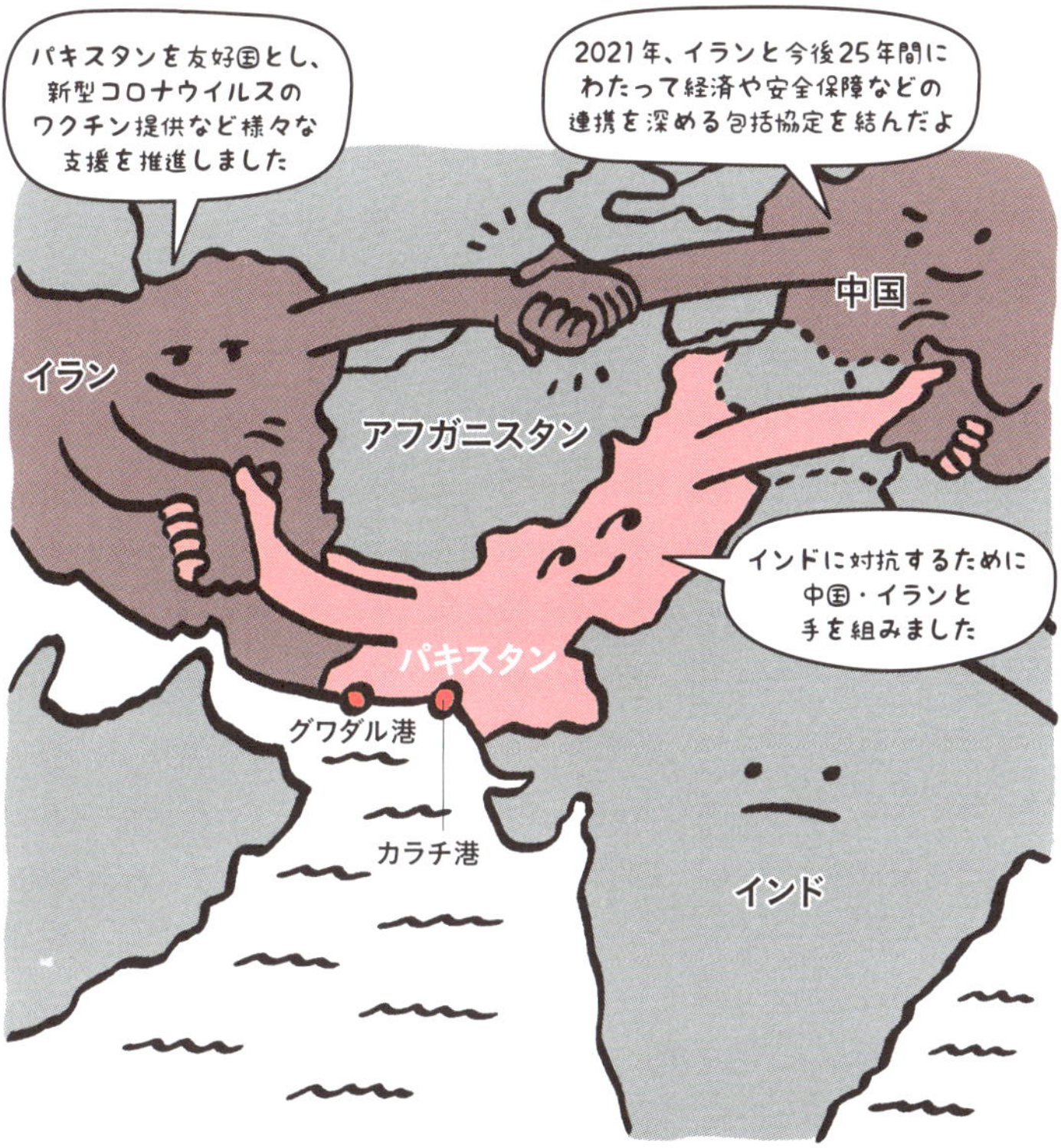


パキスタンは、誕生したばかりの中国を非共産主義国として初めて国家承認し、いち早く外交関係を樹立した国です。現在、両国は「一帯一路」を発展させた「中国・パキスタン経済回廊」の一環として、港湾や道路、発電所などの大規模インフラ整備事業を進めています。

Point!

### ムジャーヒディーン

19世紀初頭、イギリスに支配されていた現在のパキスタン北西辺境州で起こった、植民地政府からの解放を目指したイスラム教徒の運動。「ジハード（聖戦）を行う者」の意味。1978年に開始されたアフガニスタン紛争では、ムジャーヒディーンを名乗る複数の組織がソ連軍に激しく抵抗。この時、他国から集結した志願兵の中に、後に国際テロ組織アルカーイダを率いるウサマ・ビン・ラディンも含まれていました。

Part 4

# 中東、ヨーロッパは何を考えているのか

ユーラシア大陸においてヨーロッパとアジアを結ぶ重要な拠点である中東地域。その中東の各地で武力衝突が多発しています。なぜでしょうか？　その原因を地政学的観点から分析すると、イギリスやフランスなどのヨーロッパ諸国が密接に関わっていることがわかります。

中東での紛争の
原因を読み解くには、
欧米との関係が
重要

＋

歴史的視点と
地理的視点を
持って中東と
ヨーロッパを
俯瞰する

つまり

現在のイラン、シリア、パレスチナなどの火種は第一次世界大戦に端を発する！

戦争の火種はイギリスがまいた？

中東地域の地政学①

# 欧州とアジアを結ぶ世界島の重要地点

## 中東は双方の文明をつなぐ地域

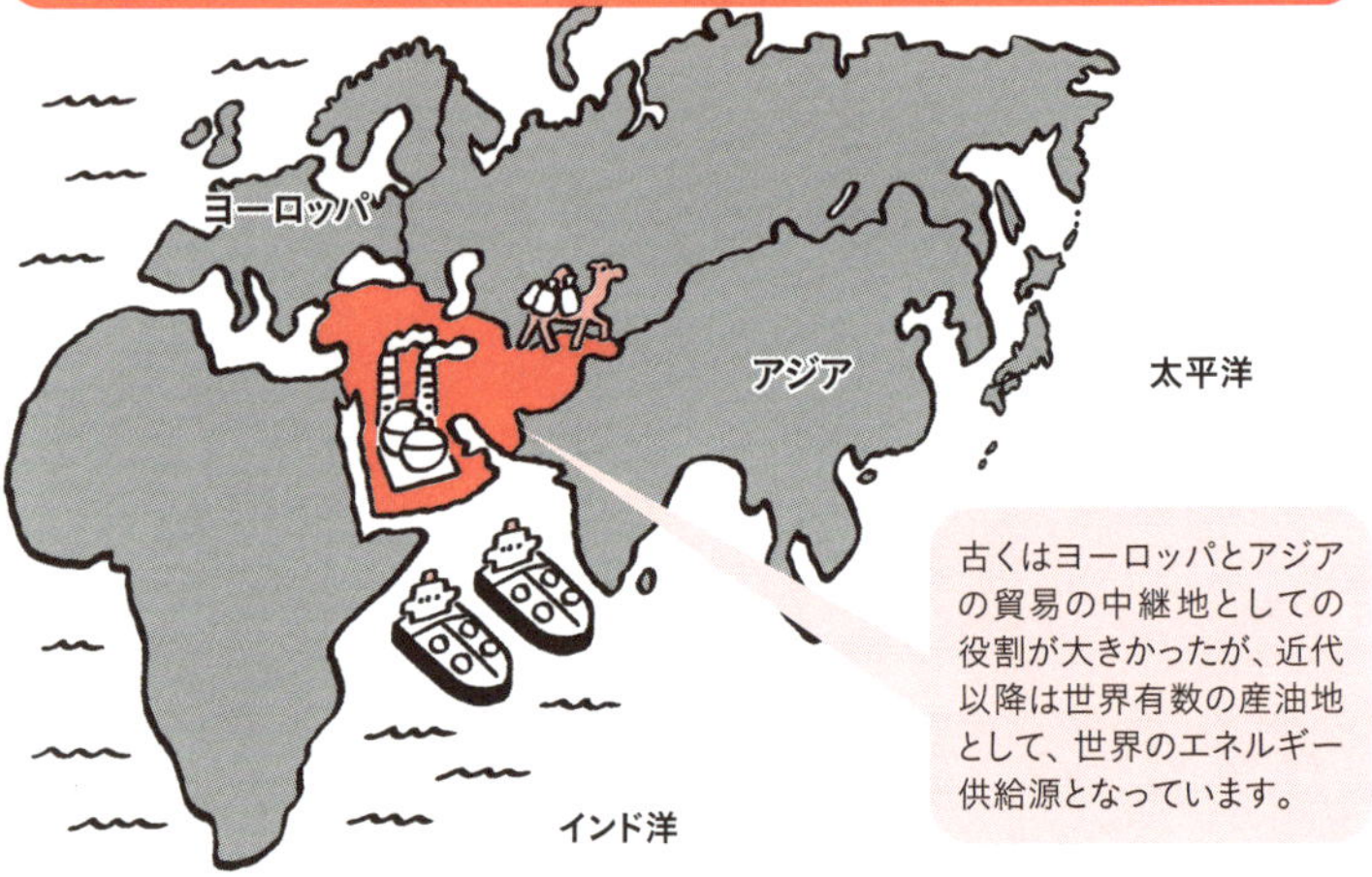
ヨーロッパ
アジア
太平洋
インド洋
古くはヨーロッパとアジアの貿易の中継地としての役割が大きかったが、近代以降は世界有数の産油地として、世界のエネルギー供給源となっています。

### 紛争の発端となったイギリスの〝三枚舌〟外交

中東地域は、マッキンダーが示した世界島（▶P32）の「ハートランド」を取り囲む**「太平洋・インド洋の沿岸地帯」と、「ヨーロッパの諸半島・島々と地中海」を結ぶ地政学的な要衝であり、アジアとヨーロッパ双方の文明をつなぐ重要地点**です。

この地で紛争が多発し、〝世界の火薬庫〟と呼ばれるようになった大きな要因は、第一次世界大戦中に**イギリスが展開した〝三枚舌〟外交**にあるといわれています。

1914年、イギリス・フランス・ロシアを中心とする連合国と、

## 中東を混乱に陥れたイギリスの“三枚舌”外交

### フサイン・マクマホン協定
（1915年）

第一次世界大戦でイギリスの敵方のドイツ側に参戦したオスマン帝国で、アラブ勢力が反乱を起こせば、大戦後、オスマン帝国領におけるアラブ人の独立国家建設の支持を約束。

### バルフォア宣言
（1917年）

第一次世界大戦中に、イギリス外相バルフォアが、ユダヤ人の支援を取り付けるため、戦後パレスチナにユダヤ人の国家を建設することに同意した宣言。しかし、この宣言は、フサイン・マクマホン協定、サイクス・ピコ協定のいずれとも矛盾するもの。

### サイクス・ピコ協定（1916年）

第一次世界大戦中にイギリス・ロシア・フランス間で結ばれた秘密協定。戦後のオスマン帝国領土を三国で分割統治するというもので、フサイン・マクマホン協定に矛盾する内容。

ドイツ・オーストリア・オスマン帝国などの同盟国の間に第一次世界大戦が勃発しました。この時、思わぬ苦戦を強いられたイギリスは、オスマン帝国内のアラブ人に反乱を呼びかけ、その見返りとして、戦後、アラブ人の独立国を認めると約束しました。

その一方でイギリスは、フランス、ロシアとの3国で、戦後のオスマン帝国領の分割を約束。さらにイギリスは、ユダヤ系の大富豪に戦費の提供を依頼し、その見返りとして、オスマン帝国に支配されていたパレスチナにユダヤ人国家の建設を認めると約束しました。

元凶はイギリスの責任放棄？

中東地域の地政学②

# 国連が採択したパレスチナ分割決議

## イスラエルの独立と第一次中東戦争

１９１８年、第一次世界大戦が連合国側の勝利によって終結すると、旧オスマン帝国領はサイクス・ピコ協定により三つに分割統治されます。

現在のイラク南部、クウェートなどはイギリス、シリア、レバノンなどはフランス、黒海沿岸などはロシアによって統治されることになりました。

旧オスマン帝国内でゲリラ戦を展開し、連合国の勝利に貢献したアラブ人の独立国家の建設は、認められなかったのです。

イギリスがユダヤ人国家の建設を約束していたパレスチナは、イギリスの委任統治下に置かれました。１９３０年代に入ると、ナチスの迫害を逃れたヨーロッパ各地のユダヤ人たちが、この地へ大量に入植。アラブ人との軋轢《あつれき》が武力衝突にまで発展したため、イギリスはこの問題を国連に委ねます。

すると国連は１９４７年、この地を分割しユダヤ人国家（イスラエル）とアラブ人国家（のちのパレスチナ）を建国するという「**パレスチナ分割決議**」を採択しました。

１９４８年、イスラエルが独立を宣言すると、近隣アラブ諸国が宣戦を布告。第一次中東戦争が勃発しました。イスラエルとパレスチナ解放機構を中心とする〝**パレスチナ問題**〟は、未解決のまま現在に至っています。

## サイクス・ピコ協定によるオスマン帝国領の分割案

当初イギリス・フランスと協定を結んだロシアは、1917年に起きたロシア二月革命により帝国が崩壊し協定から脱落。イギリスがフサイン・マクマホン協定で約束したアラブ人の独立国家の建設は認められず、バルフォア宣言でユダヤ人国家の建設を約束したパレスチナは、イギリスの委任統治下に置かれました。

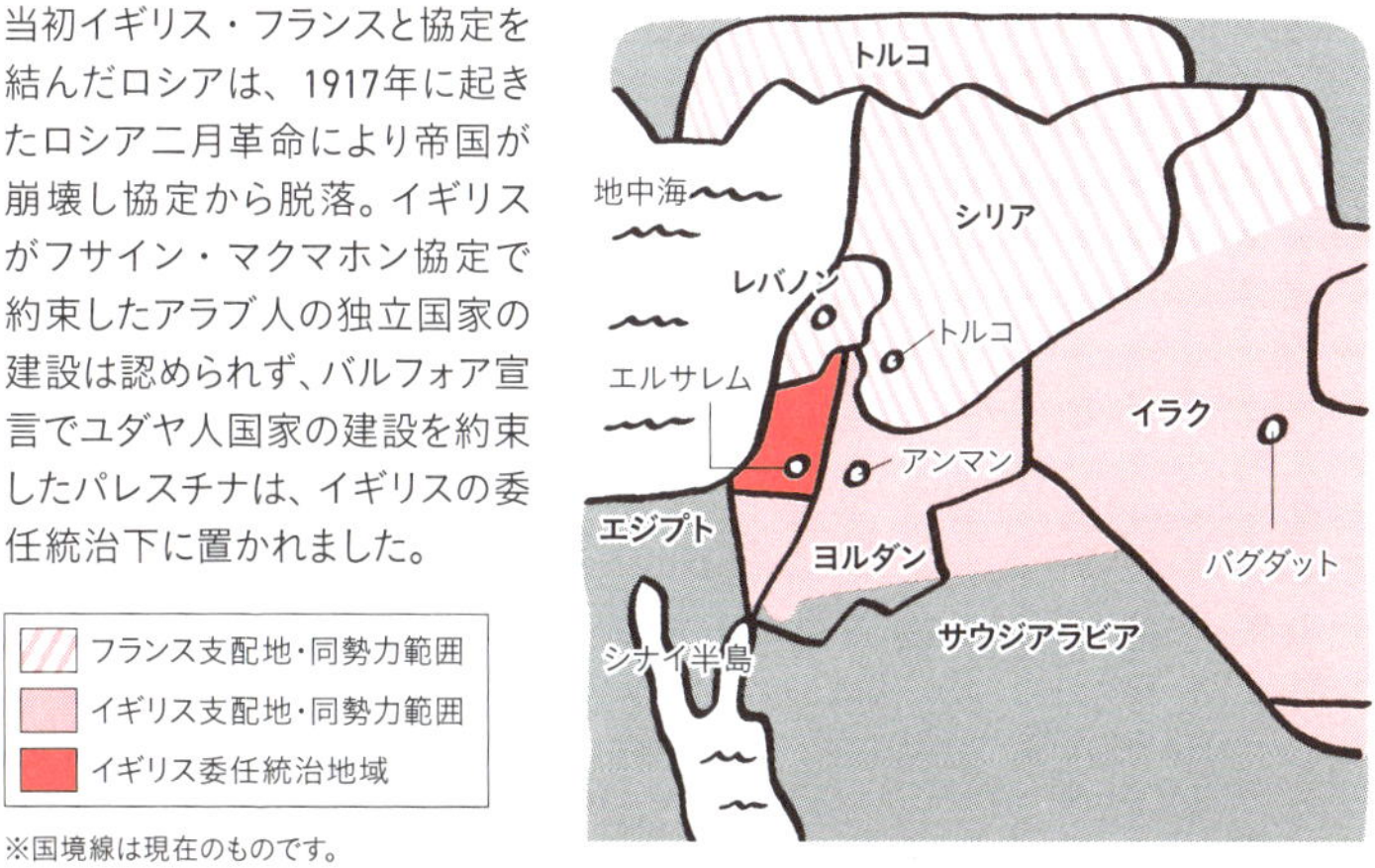

フランス支配地・同勢力範囲
イギリス支配地・同勢力範囲
イギリス委任統治地域
トルコ
地中海
シリア
レバノン
トルコ
エルサレム
イラク
アンマン
エジプト
ヨルダン
バグダット
シナイ半島
サウジアラビア


※国境線は現在のものです。

## ユダヤ人とアラブ人の軋轢の行き着く先は……

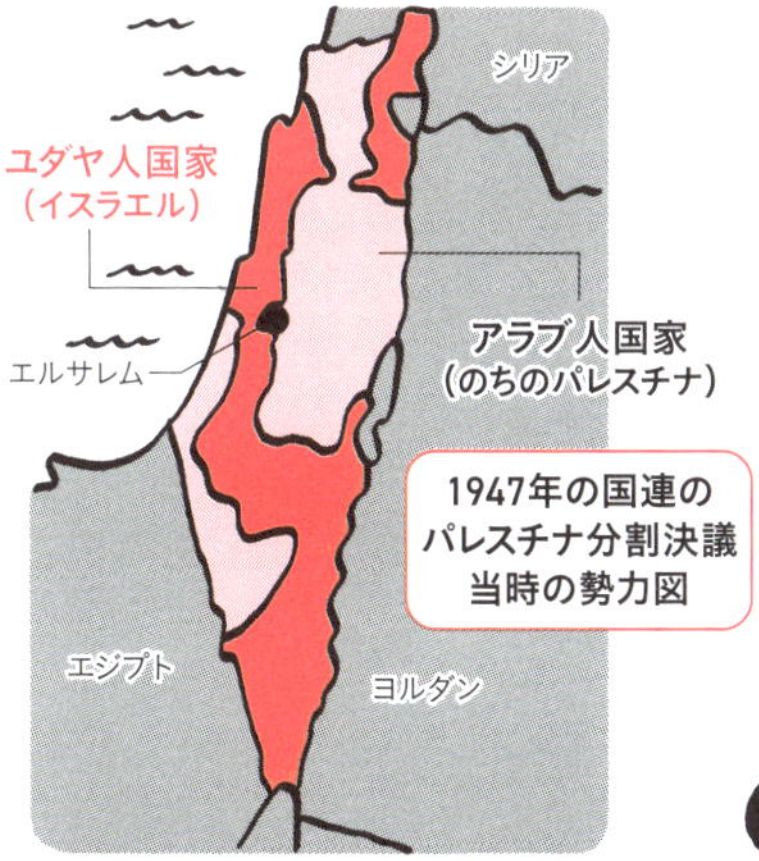

シリア
ユダヤ人国家
(イスラエル)
アラブ人国家
(のちのパレスチナ)
エルサレム
1947年の国連の
パレスチナ分割決議
当時の勢力図
エジプト
ヨルダン


第二次世界大戦後、イギリスはパレスチナ統治を諦め、問題解決を国際連合に委ね、国連はパレスチナ分割決議（パレスチナを分割して、ユダヤ人とアラブ人の二つの国家を建設し、聖地エルサレムは国際管理下におく）［左図］を採択。国連の決議を受け入れイスラエルが建国を宣言。

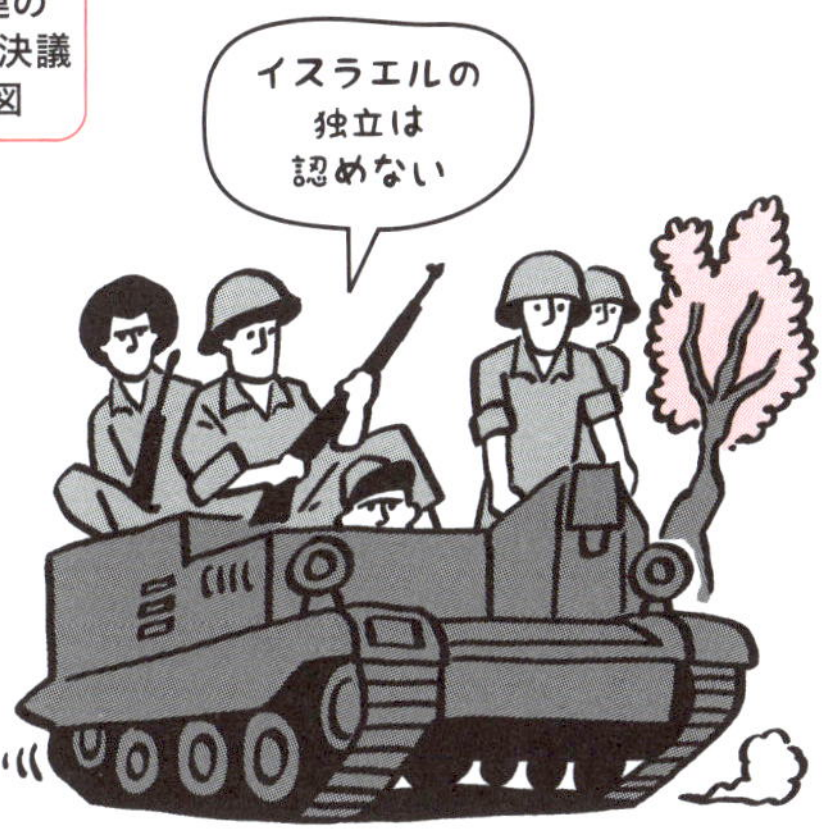

イスラエルの
独立は
認めない


イスラエルが独立を宣言すると、近隣アラブ諸国（レバノン、シリア、ヨルダン、イラク、エジプト）が宣戦布告。第一次中東戦争が勃発しました。

パレスチナの地政学①

# 解決の糸口が見えない パレスチナ問題

## 4度にわたる中東戦争

**第一次**（パレスチナ戦争）1948～49年

1948年5月にイスラエルが建国を宣言すると、レバノン、シリアなどのアラブ連盟5カ国が宣戦布告し開戦。イスラエルが支配地域を拡大した。

**第二次**（スエズ戦争）1956～57年

1956年7月にエジプトがスエズ運河の国有化を宣言すると、それに反発したイギリス、フランス、イスラエルが10月にエジプトに侵攻。しかし侵略行為と非難を浴び、3国は11月に撤退を表明。エジプトがスエズ運河の国有化に成功した。

**第三次**（六日戦争）1967年

1967年6月、イスラエル軍がエジプト、シリア、ヨルダンに侵攻。わずか6日間の戦闘でイスラエルが圧倒的な勝利を収め、多くの地区を占領した。その結果大量のパレスチナ難民が生まれることとなった。

**第四次**（10月戦争）1973年

1973年10月6日、エジプトとシリアがイスラエル軍を奇襲攻撃。エジプトがシナイ半島の一部の奪還に成功した。

## 〝約束の地〟に生まれた相反する二つの新国家

ユーラシア大陸とアフリカ大陸を結び、**地中海と紅海に接する交通の要衝パレスチナ**では、紀元前10世紀頃より、ユダヤ人国家「イスラエル王国」が繁栄していました。その後、帝国は二つに分裂し、紀元前6世紀にはユダ王国がバビロニアによって滅ぼされ、ユダヤ人はこの地を追われます。この時、世界中に離散したユダヤ人は、いつか「約束の地」とするパレスチナにユダヤ人国家を建国することを誓ったのです。

その願いは1948年に叶えられましたが、パレスチナにはアラブ人

Key point!

## 暫定自治に関する原則宣言（オスロ合意）署名

1993年、かねてよりイスラエル首相と親交のあったノルウェーの外相の仲介で、長い間対立関係にあったイスラエル政府とパレスチナ解放機構（PLO）が、「暫定自治政府編成に関する原則合意」を締結し、和平交渉が開始された（この合意がオスロでの秘密交渉の結果生まれたので、「オスロ合意」という）。これによりパレスチナ問題の解決に向けての前進が期待されましたが、いまだ両者の関係は改善できていません。

## パレスチナ問題を泥沼化させる米大統領の発言

「聖地エルサレムを
イスラエルの首都と正式に認める」
（2017年）
パレスチナ
エルサレムは
我々のものだ！
トランプ大統領（第1次政権）

トランプ大統領が、米国大使館を現在のテルアビブからエルサレムに移転する準備に着手するよう国務省に指示したと発表。アラブ・イスラム諸国は一斉に反発、抗議デモも広がりました。

**そもそも「エルサレム」って？**

紀元前30世紀頃に築かれたとされる世界最古の都市のひとつで、ユダヤ教・キリスト教・イスラム教の聖地とされている。現在はイスラエルの統治下で、アラブ人居住区の東エルサレムと、ユダヤ人居住区の西エルサレムに分かれている。

たちが住んでいました。イスラエル建国によってこの地を追われた彼らは、1964年にパレスチナ解放機構（PLO）を設立。4度にわたる中東戦争を経て、1993年、ヨルダン川西岸とガザ地区をパレスチナ国家とする和平交渉（オスロ合意、上記参照）が始まります。

しかし、パレスチナでイスラム原理主義組織ハマスが台頭。イスラエルがガザ地区を空爆するなど、双方の対立は続きます。さらに2017年、**トランプ第一次政権が、聖地エルサレムを、イスラエルの首都と正式に承認したことで反発が広がるなど、いまだ解決の糸口は見えません。**

イスラエルの人道主義を嘲笑うかのような戦い方

パレスチナの地政学②

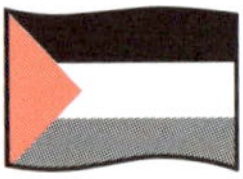

# ユダヤ人国家・イスラエル vs 過激派組織ハマス

## イスラエルは本当に「悪」なのか

２０２３年10月、ガザ地区を実効支配するイスラム過激派組織・ハマスによるイスラエルへの越境攻撃により、子どもや妊婦を含む約１２００人が殺害され、２５１人が人質に取られました。これを受け、イスラエルは自衛権を行使してガザ地区へ侵攻。ハマスの掃討作戦を始めました。

パレスチナ自治区ガザの広さは東京23区の5分の3の面積と同じくらい。そこに、２２０万人以上が閉じ込められているため、**「天井のない監獄」**と呼ばれています。ハマスは憲章でイスラエルの抹殺を明記しており、そこに共存も対話も存在しません。**イスラエルが支配している地を取り戻し、ユダヤ人の国を地図上から消滅させること**が究極的な目標になっています。

中東の専門家でない国際政治学者などは、ハマスの行動を強者に対する弱者の抵抗運動と公然と擁護しました。しかし、ハマス、ヒズボラ（◀Ｐ１３６）、イランなどのユダヤ民族の生存権を認めないイスラム組織・国家が「善」で、全世界を敵に回しても自分たち民族の生存権を守るイスラエル＝「悪」という図式はあまりにも浅薄です。今回のハマスのテロとそれに伴うイスラエルの自衛のための戦いは、**双方の内在的論理を踏まえて冷静に分析するべき**です。

## 混迷を深めるガザ情勢

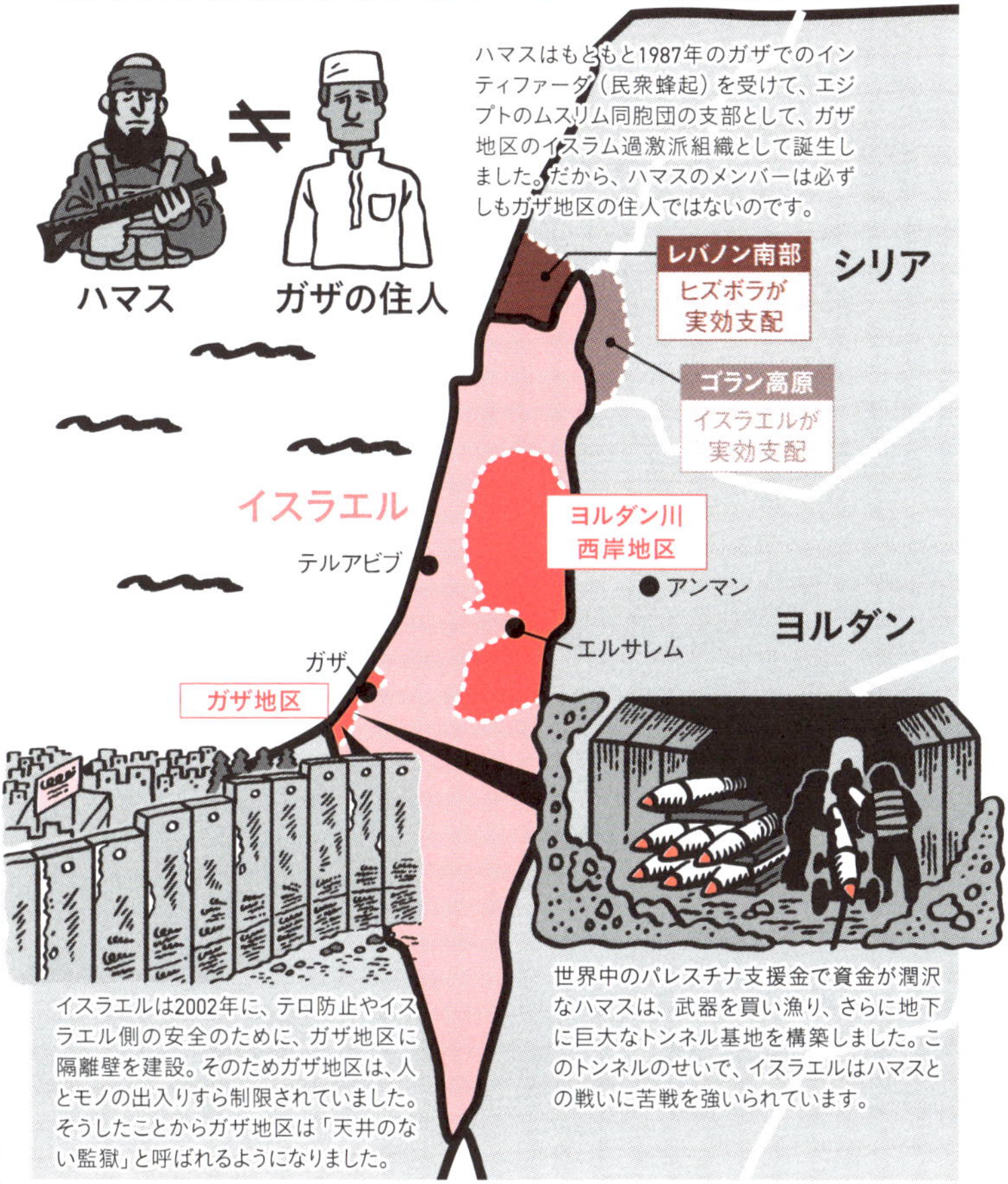
ハマスはもともと1987年のガザでのインティファーダ（民衆蜂起）を受けて、エジプトのムスリム同胞団の支部として、ガザ地区のイスラム過激派組織として誕生しました。だから、ハマスのメンバーは必ずしもガザ地区の住人ではないのです。
ハマス
≠
ガザの住人
レバノン南部
ヒズボラが実効支配
シリア
ゴラン高原
イスラエルが実効支配
イスラエル
ヨルダン川西岸地区
テルアビブ
アンマン
ヨルダン
エルサレム
ガザ
ガザ地区
イスラエルは2002年に、テロ防止やイスラエル側の安全のために、ガザ地区に隔離壁を建設。そのためガザ地区は、人とモノの出入りすら制限されていました。そうしたことからガザ地区は「天井のない監獄」と呼ばれるようになりました。
世界中のパレスチナ支援金で資金が潤沢なハマスは、武器を買い漁り、さらに地下に巨大なトンネル基地を構築しました。このトンネルのせいで、イスラエルはハマスとの戦いに苦戦を強いられています。

### Key point! 民間人を盾にするハマス

イスラエルが必ずしも100%正しいとは限りませんが、少なくともイスラエルは国際法に則り、可能な限り民間人への攻撃を回避して、ハマスの無力化を行っています。それに対して、ハマスは病院や民家に兵士や武器を潜ませ、子どもや女性、病人などのパレスチナの人々を人間の盾にして、イスラエル軍が攻撃できないようにしています。この紛争は人権を守る側と、人権を無視する側の非対称戦なのです。

# ヒズボラとフーシ派のイスラエル包囲網

## ヒズボラはハマスの10倍は強い！

ハマスとの戦い（◀P134）で、イスラエルは現在、ガザ地域の中立化（武装解除）を行っていますが、その隙をついて、陸続きの隣国レバノンの南部を拠点にする**ヒズボラ（戦力はハマスの10倍といわれています）**の国境付近での動きも活発になっています。

**ハマスとヒズボラの共通点は黒幕がイラン**（◀P142）であること。イランの支援を受けた陸続きのハマスとヒズボラの両勢力とイスラエルの戦いは**ランドパワーの論理**で行われています。

こうしたイスラエルの包囲網のシナリオを描いたのはイランといえますが、イランはなぜそのようなことをするのでしょうか。それはシーア派イスラム原理主義のイデオロギーに則って、イスラエルを地図上から抹殺することを国是としているからです。一方、イスラエルは「全世界から同情されながら滅亡するよりも、全世界を敵に回して戦ってでも生き残る」を国是としていますから、いくら周辺が敵対国だらけでも、一歩も引く姿勢がありません。

また、海上作戦を展開するイスラム過激派組織も存在します。同じく**イランの支援を受けたイエメン北部**を拠点とするフーシ派です。この組織の強みは、国際海運の要所のひとつである「紅海」の出口に面していることです。

## 四面楚歌のイスラエル

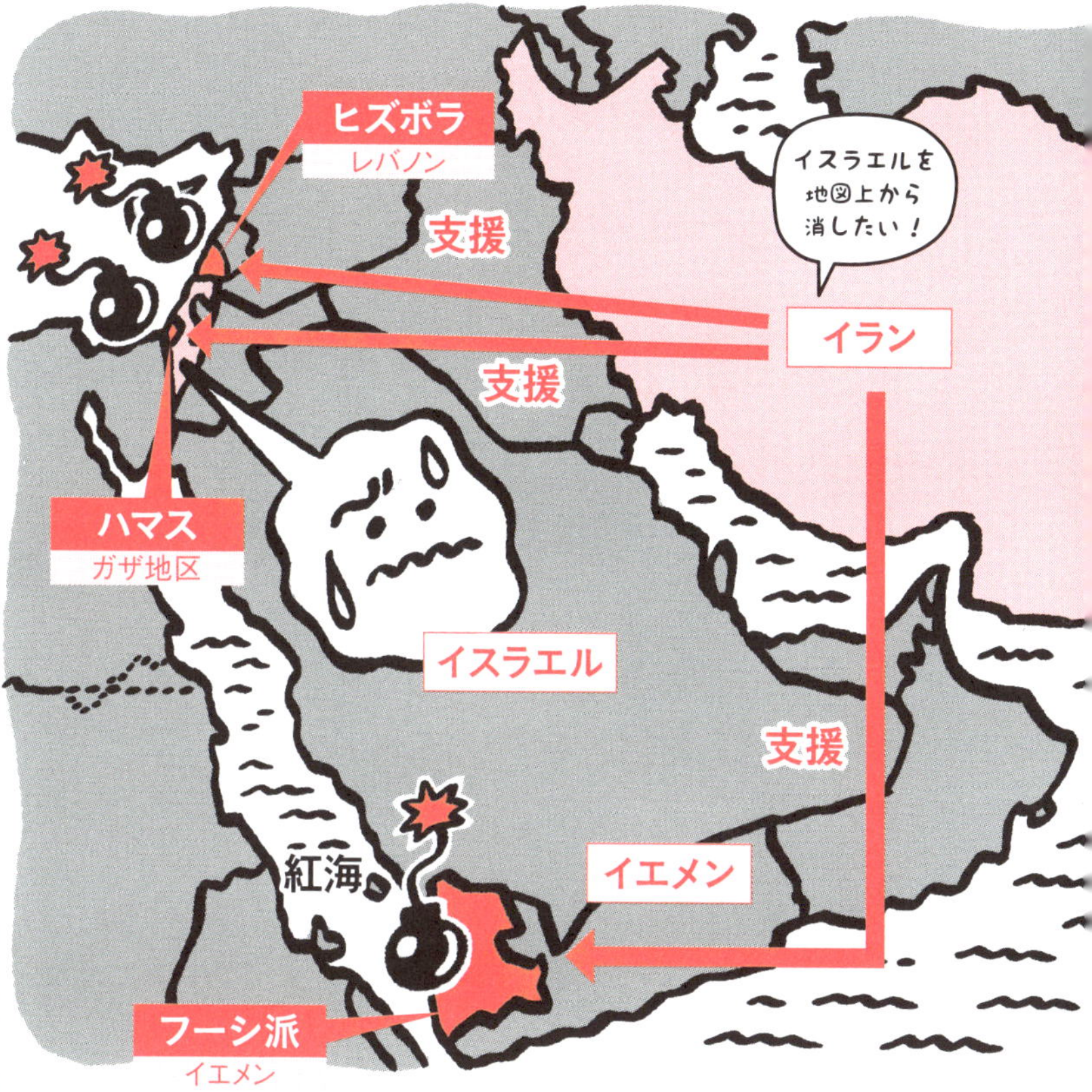


### Column フーシ派の影響を受ける日本の船

イエメン北部を押さえるイスラム過激派組織フーシ派の最大の強みは、地政学でいうところのチョークポイントである紅海の出口を押さえていること。これにより、紅海を航行する「親イスラエル」の国の船舶を攻撃することが可能になりました。日本もこの影響を受け、石油タンカーなどの船舶は紅海航路を回避してアフリカの喜望峰を迂回するルートを通ることを余儀なくされています。

イスラム国の地政学

# 国境を無視して活動するイスラム国（IS）

## カリフを頂点としたイスラム国家を目指す

　本書のP2において、地政学を「**ある国の地理的な条件をもとに、他国との関係性や国際社会での行動を考える学問**」と定義しました。つまり、地政学においては、国を基本単位として論じるのが一般的なのです。

　しかし、近年のイスラム系テロ組織は、第一次世界大戦後に欧米列強の都合で引かれた国境線を認めず、複数の国にまたがって活動を行っています。

　つまり、モノやお金、人がボーダレスに行き交うグローバリズムの潮流は、テロリズムにも及んでいるのです。そして、その**先駆けになったのが、イスラム国（IS）**なのです。

　イスラム国は2014年に成立を宣言。一時期、イラクとシリアにまたがる広大な地帯を占領し、かつて中東やアフリカ、バルカン半島などの広大な地域を支配したオスマン帝国のようなカリフ（イスラム国家の最高指導者）を頂点とした神権政治を目指しました。イスラム国は欧米が決めた中東地域の地図を無視して、国境を越えて活動しているので、**旧来の地政学的なアプローチでは十分に説明できません。**

　2019年にイスラム国はアメリカと有志連合国の攻撃によってほぼ完全に掃討されて、弱体化しましたが、その後、拠点をアフガニスタンとイエメンに移し、今度は世界中でテロを起こしています。

## 国境を無視してグローバルに活動するイスラム過激派組織

第一次世界大戦のあとに英仏などの列強によりオスマン・トルコ帝国が解体され、領土の分割を行うため、現在の国境が大国の都合で引かれました。そのため、イスラム過激派組織は現在の国境を認めていません。

## 世界中にテロを広めるイスラム国

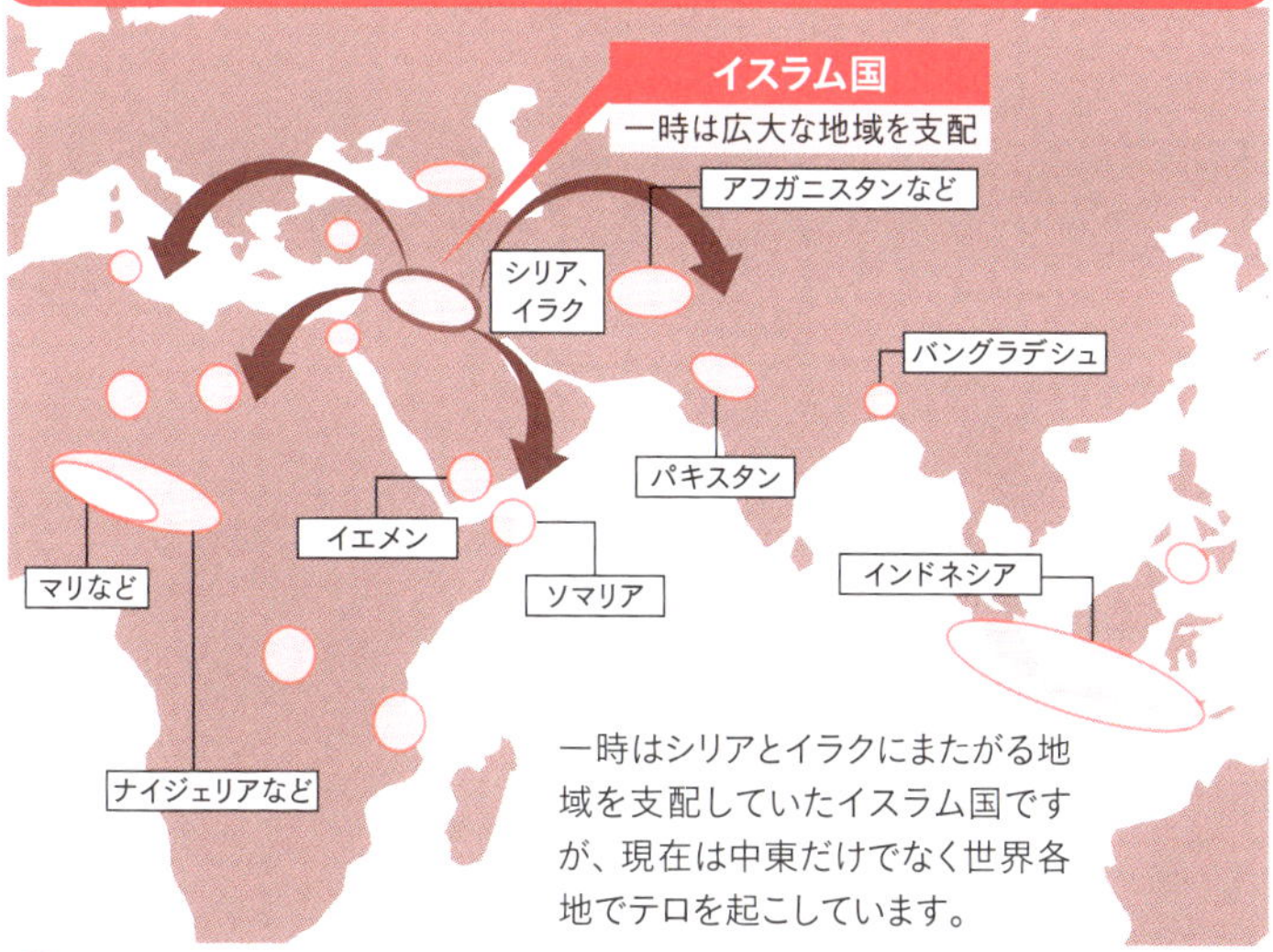


一時はシリアとイラクにまたがる地域を支配していたイスラム国ですが、現在は中東だけでなく世界各地でテロを起こしています。

○ イスラム国がテロを起こした地域

（出典：公安調査庁「国際テロリズム要覧2021」）

各勢力の思惑が交錯！

シリアの地政学

# 泥沼化したシリア内戦に終わりが見えた？

## これまでのシリア内戦の構図

対立
反体制派
●アメリカ ●フランス
●イギリス ●サウジアラビア
●イスラエル ●トルコ
独裁政権が続いていたシリアで、各地で広まった抗議デモを、政府が武力で鎮圧しようとしたため、市民らも武装化し内戦へ。様々な国がそれぞれに異なる目的で介入し、混迷を深めていきました。
対立
イスラム国（IS）
対立
アサド政権
●ロシア
●イラン

### 混迷を極めた内戦、ついに終結か？

シリアは、トルコ、イラク、ヨルダン、イスラエル、レバノンと国境を接し、北西は地中海に面しています。

1970年以降、シリアではイスラム教少数派「アラウィ派」のアサド親子による独裁政治が続いていましたが、チュニジアで発生した「**アラブの春**」の余波で2011年に内戦が勃発。当初は政府軍と反体制派という

## 終わらないシリア内戦に動きが

2018年12月に米軍がシリアから撤退を決めた翌年、トルコは、クルド人が実効支配するシリア北東部に侵攻を開始。これを受けて、クルド人勢力とアサド政権が手を結びました。このように、シリアの内政のみならず、様々な国の政治的思惑がからんだシリア内戦ですが、2024年12月に大きな動きがありました。大方の予想に反して、反政府武装勢力が首都ダマスカスに猛攻を仕掛け、アサド政権が崩壊したのです。

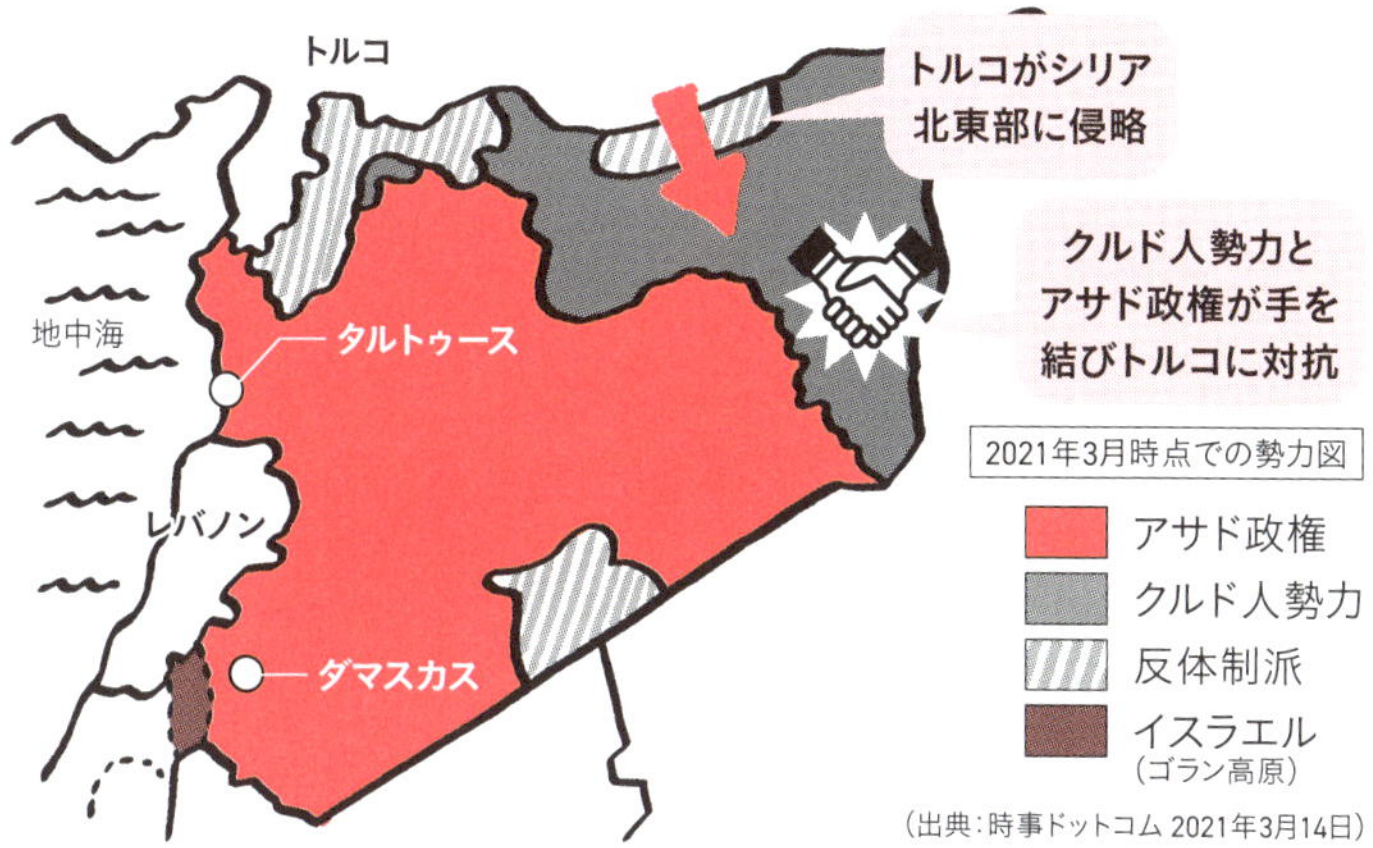


（出典：時事ドットコム 2021年3月14日）

単純な構図でしたが、タルトゥース港に海軍を駐留させるなどアサド政権に近いロシア、シリア同様「非スンニ派」（シーア派）のイランがアサド政権を支援。

そのイランと敵対するイスラエル、アメリカ、フランス、イギリス、スンニ派が主流のトルコなどが反体制派につき、さらにこの内戦に乗じて**イスラム原理主義国家の建設を目論《もくろ》むイスラム国（IS）が参戦**すると、2014年に米軍がISに対する空爆を実行。翌年にはロシアが軍事介入に踏み切るなど、内戦は泥沼化しました。

しかし、2024年12月に反政府武装勢力が首都ダマスカスを制圧したことを受け、アサド大統領はロシアに亡命。**独裁政権は瓦解**しましたが、国際テロ組織に指定されている反政府武装勢力（シリア解放機構）がそのまま政権を担うかは現時点では不透明なままです。

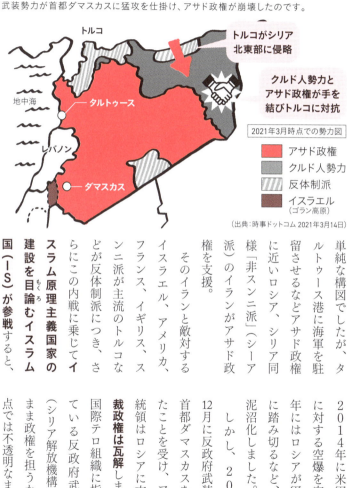

イランの地政学

# イスラム革命を達成したシーア派の大国

## イスラム教に基づく独自の国づくり

**ペルシャ湾とカスピ海を陸上で結ぶイランは、古来、東西交通の要衝**として繁栄しました。この国はイスラム帝国やモンゴル帝国に支配された時代でもペルシャ帝国の伝統を引き継ぎました。

その後、16世紀からイラン人統治の王朝が続きました。イランの最後の王朝であるパフラヴィー朝は西洋列強諸国に近づき、イランの近代化に務め、最後の国王であるパフラヴィー2世時代はアメリカと密接に連携し、中東で最も親米的な国になりました。

しかし、アメリカの後ろ盾があるパフラヴィー2世は独裁色を強め、また、国内に大きな経済格差も広がりました。国王が国民の不満を激しく弾圧した結果、１９７９年にホメイニを精神的支柱とするイラン革命が起き、**「イラン・イスラム共和国」が誕生**。革命後、イランはイスラム教シーア派の宗教指導者が実質的に政治権力を握る神権国家になっただけではなく、強烈な反米国家となりました。

イランはイスラエルとも長年にわたって敵対関係にあります。そのため、イランは反米・反イスラエルを国是として、ハマス（▶Ｐ１３４）、ヒズボラ、フーシ派（▶Ｐ１３６）などのイスラム過激派テロ組織への支援を行い、**今後の中東情勢の大きなカギを握っています。**

## イランの転換期にアメリカの影あり

1953年

### イラン・クーデター

イランの石油利権に食い込みたいアメリカのCIAが、外国勢力からの解放、独立を目指す民族主義者のモサデグ首相の失脚を画策。実権を失い海外に亡命していた親米派のパフラヴィー2世の専制政治を復活させました。

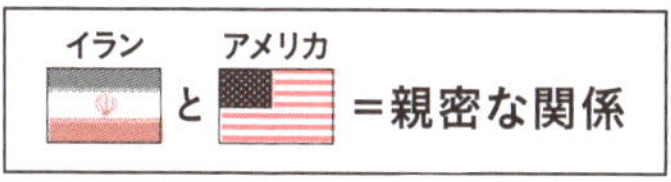

1979年

### イラン革命

シーア派最高指導者のホメイニが中心となり、イスラム教を求める民衆を率いて親米だったパフラヴィー朝を打倒し、イスラム原理主義に基づくイラン・イスラーム共和国を建国しました。また、この流れで起きたアメリカ大使館占拠事件により、イランとアメリカとの関係悪化は決定的なものとなりました。

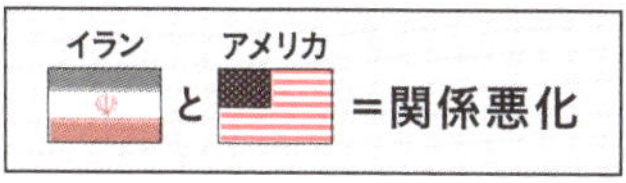

米・ソ相手に互角に渡り合う

アフガニスタンの地政学

# 大国の侵攻を許さない山岳地帯でのゲリラ戦

## 英・ソ・米を撤退させたアフガニスタンの強み

イランと国境を接するアフガニスタンは、**ユーラシア大陸の東西交通路とインドを結ぶ「文明の十字路」**と呼ばれ、古くから様々な民族が行き交う地域でした。

19世紀にはロシア帝国とイギリスが、中央アジアを舞台に「グレート・ゲーム」と呼ばれる覇権争いを展開します。ロシアの南下を阻止し、植民地であるインドを守りたいイギリスは、アフガニスタンをバッファゾーンにするための戦争を始めました。

ところが、第一〜第三次にわたるこのアフガン戦争で、大国イギリスは勝つことができませんでした。

海抜7492mのノシャック山を頂点に国土の約4分の3を占める山岳地帯でゲリラ戦をくり広げるアフガン軍に手を焼き、完全制圧には至らなかったのです。

結局、3度目の戦いでイギリスは、アフガニスタンの独立を認めて撤退しました。

1979年にはソ連がアフガニスタンに侵攻しましたが、10年に及ぶ戦いの末に撤退。

さらに、**2001年の米軍の空爆によって開始されたアフガニスタン紛争も、20年の長期戦を経て、米軍の撤退をもって終了**。イスラム組織・タリバンが政権に返り咲きました。

## ロシアとイギリスのグレート・ゲーム

**ソ連（ロシア）**

1979年、親ソ政権を支援し、イスラム原理主義ゲリラ制圧のためアフガニスタンに侵攻。これに反発した西側諸国の多くが翌年のモスクワ・オリンピックをボイコットしました。ゲリラ組織の抵抗は激しく、ソ連の駐留は10年に及び、その後のソ連崩壊にも影響しました。

**イギリス**

19世紀に入り南下政策を進めるロシアから植民地であるインドでの権益を守るため、アフガニスタンに侵攻しましたが、激しい抵抗を受け、3度にわたる戦争に突入。結果、侵攻は失敗に終わりました。

アフガンを抜けて目指せインド洋！
ロシア兵
アフガニスタンは誰にも渡さない
アフガン兵
イギリス兵
地の利を活かしてロシアもイギリスも返り討ちに
植民地であるインドを守るためにアフガンを緩衝地帯にするぞ

## 米軍のアフガニスタン侵攻と撤退

同時多発テロの首謀者アルカーイダのビン・ラディンを、アフガニスタンがかくまっているとして、2001年10月、アメリカのブッシュ大統領が空爆と地上軍の投入を命令。しかし、2021年、当時のバイデン大統領はアフガニスタンからの撤退を決定。その後、一度はアメリカにより政権の座を追われたイスラム主義勢力・タリバンが復権。女性の教育や社会進出を制限するなど、イスラム原理主義に基づく神権政治を行っています。

ビン・ラディン出てこい！
これ以上ここに米軍が居ても何もよくならない……引き上げよう

イスラム教を国教とする石油大国

サウジアラビアの地政学

# イランと影響力を争う中東最大の親米国家

## サウジアラビアがイランと国交正常化

**アラビア半島の80％を占めるサウジアラビア**は、イスラム原理主義の源流とされるワッハーブ派を国教とするイスラム国家です。初代国王はイブン・サワード。第一次世界大戦中にイギリスと「フサイン・マクマホン協定」（▶P129）を結び、戦後、ヒジャーズ王国を建国したフサイン・イブン・アリーを追放した人です。サウジアラビアという国名は、「サワード家のアラビア」を意味します。

建国当初、砂漠ばかりの不毛の地であったサウジアラビアは、1938年の油田発見以降、アメリカの協力を得て世界最大の石油大国となり、**〝中東最大の親米国家〟として中東の盟主に躍進**。ペルシャ湾を挟んで対峙するイランが革命によってシーア派の大国となり、親イランのイラクとシリアに包囲されたサウジアラビアは、2015年に勃発したイエメン内戦に介入。イランが支援する武装勢力「フーシ派」に対する空爆を開始し、翌年にはイランとの国交を断絶しました。

長年敵対関係にあったサウジアラビアとイランですが、2023年3月に中国の仲介により国交正常化に合意。中東での地政学的バランス・オブ・パワーが変わり、**中東におけるアメリカの影響力が弱まり、中国の影響力が強まる**と見られています。

## 対立関係にあったイランと歴史的和解

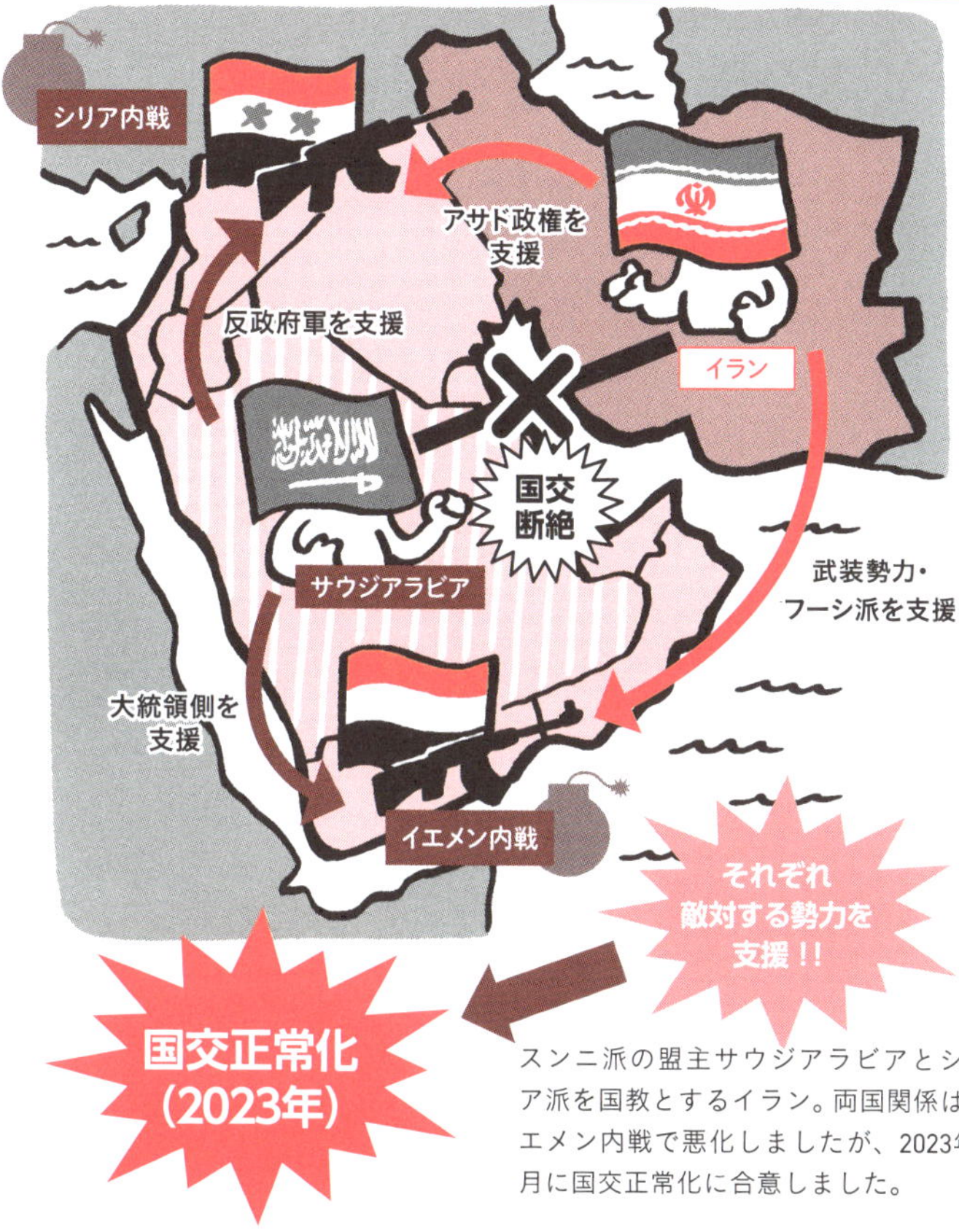


スンニ派の盟主サウジアラビアとシーア派を国教とするイラン。両国関係はイエメン内戦で悪化しましたが、2023年3月に国交正常化に合意しました。

### CHECK! イスラム教の2大宗派　スンニ派とシーア派

**スンニ派**

預言者ムハンマドの血縁の有無を問わない。規範(スンナ)に従う。

割合が高い国｜サウジアラビア、トルコ、アフガニスタン、イエメンなど

**シーア派**

預言者ムハンマドの血統を重視し、後継者は血を受け継ぐ子孫とする。

割合が高い国｜イラン、イラク、バーレーン、レバノンなど

トルコの地政学

# 地政学的優位性を活かした多角的外交

## イスラム初の世俗国家 唯一のNATO加盟国

ヨーロッパのバルカン半島とアジア最西端のアナトリア半島にまたがり、黒海、エーゲ海、地中海に囲まれたトルコは、**ヨーロッパ、アジア、中東の結節点という地政学的特性**を持っています。

もともとヨーロッパとの関係が深く、東ローマ帝国時代にはキリスト教文化が繁栄しましたが、1299年に現在のトルコを中心とするイスラム王朝「オスマン帝国」が誕生しました。

第一次世界大戦後、イスラム圏初の世俗国家として成立した「トルコ共和国」は、冷戦時代は東側諸国に対する最前線国家として西側に迎えられ、NATO（北大西洋条約機構）に加盟。

しかし、念願とするEU（欧州連合）加入が認められないことなどから、次第に国内でイスラム回帰、脱欧米の機運が高まっていきます。

シリア内戦（▶P140）へは反体制派として介入し、2015年にはシリア・トルコ国境付近でアサド政権を支援するロシア軍機を撃墜しましたが、後に謝罪。また、2020年にはロシア製地対空ミサイルの導入を決め、アメリカからの経済制裁を受けました。

さらに、2009年以降、トルコはイランとも良好な関係を築いています。

## トルコは西側諸国の一員を自認

**世俗国家とは**

政治など公共の領域に宗教が影響を及ぼすべきではないとする考え方に基づき、政策が行われる国家のこと。

1923年にイスラム圏初の世俗国家として建国されたトルコ共和国は、西側諸国の一員を自認し、第二次世界大戦後には北大西洋条約機構（NATO）に加盟。東側諸国（主にソ連）に対する最前線の役目を負いました。

## ロシア・イラン と急接近！

**トルコの言い分**

❶いつになったらEUに入れてくれるの？
❷アメリカがトルコと対立するクルド人武装組織を支援するなんて

ヨーロッパの地政学①

# 世界島から西に伸びる巨大な半島

## ヨーロッパは巨大な半島である

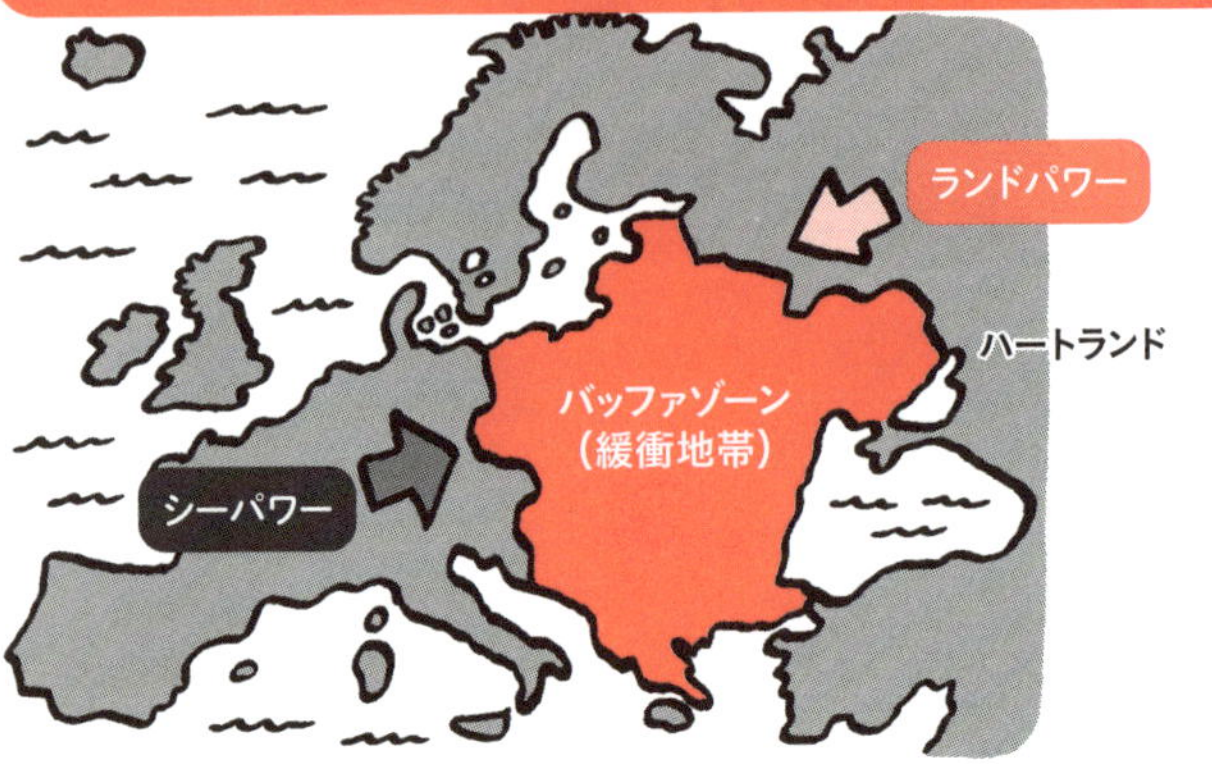


マッキンダーは、「東ヨーロッパを支配するものがハートランドを支配し、ハートランドを支配するものが世界島を支配し、世界島を支配するものが世界を支配する」と説きました。

## 植民地競争を制した大英帝国の誕生

マッキンダーは**ヨーロッパを、世界島から西に伸びる巨大な半島**と定義づけています。この半島が大陸側と接する付け根に当たる**東ヨーロッパは、ハートランドへの入口であり、シーパワー国家とのバッファゾーン**として重要な役目を担ってきました。

数多くのシーパワー国家が誕生したのも、この「半島」という地形によるものです。15世紀半ばからの大航海時代には、スペインとポルトガルを嚆矢《こうし》とし、イギリス、フランス、オランダなどが次々に世界の海へ進出し、地球規模の植民地獲得競

## スペインとポルトガルの植民地を決めたトルデシリャス条約

### トルデシリャス条約とは

スペインとポルトガルが、1494年に海外植民地の分配について決めた条約。これによりスペインはアメリカ大陸全域に優先権を持つことになりました（しかし、16世紀以降この条約は有名無実化することになります）。

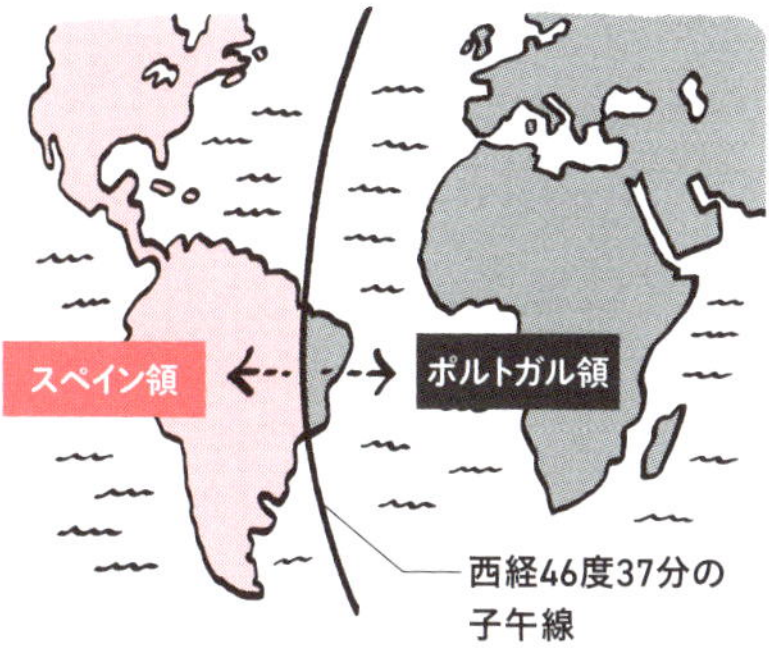


## 地球上の陸地の約4分の1を統治した大英帝国

イギリスは、17〜18世紀に、北アメリカ大陸西岸に入植し、13植民地を形成。さらに、第一次世界大戦終結後のヴェルサイユ条約でドイツやオスマン帝国からアフリカ、中東、太平洋などの植民地を獲得し、その領土は地球上の陸地の約4分の1にも及びました。

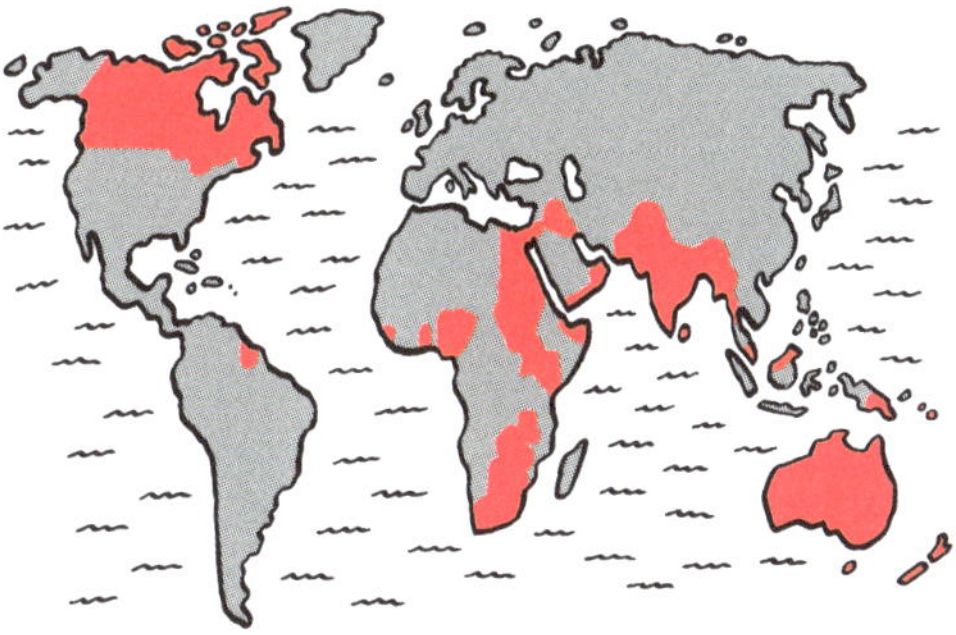

争を展開しました。世界各地で衝突をくり返していたスペインとポルトガルが、ローマ教皇に仲裁を依頼。1494年には、**西経46度37分の子《し》午《ご》線を境界とし、その東側をポルトガル領、西側をスペイン領にするという「トルデシリャス条約」を結びました。**当然ながら、世界を二分しようとするこの身勝手な取り決めは、16世紀中に有名無実化しています。

この両国に出遅れたイギリスは、アメリカ大陸に進出。18世紀にかけて13植民地を形成し、続いてインド、オーストラリア、ニュージーランドを征服するなど、広大な植民地を擁する大英帝国を築きました。

ヨーロッパからアフリカ・中東・アジアへ至る交通の要所！

ヨーロッパの地政学②

# 古代から現代まで地中海を巡る攻防

## ポエニ戦争とウクライナ戦争

**地中海は古代から貿易や交通、軍事的な要所で、この地域の制海権を巡って多くの戦争が起きました。**

たとえば、古代ローマ（共和制ローマ）とカルタゴが100年以上にわたって争ったポエニ戦争は有名です。

古代ローマとカルタゴは地中海の対岸にある国です。そのため、両国が戦火を交えた場合、ローマ側は海上戦を想定していました。

ところが、ハンニバル率いる部隊はなんとスペインに上陸して天然の要塞ともいえるアルプス山脈という高く険しい山を越えて、ローマになだれ込んできたのです。

結果的にカルタゴはローマに滅ぼされますが、このハンニバル将軍の戦術は地政学上の常識を覆すものであったため、世界史に深く刻まれる出来事でした。

現在の地政学的視点から見ても、地中海の存在はとても大きいといえます。

それは、**地中海がヨーロッパにとってアフリカや中東、アジアをつなぐ場所だから**です。

特にロシアは、18世紀後半のロシア帝国時代からクリミア半島を支配。以来、セヴァストポリを起点に、黒海から地中海、さらに南へと進出を狙うロシア海軍の拠点となってきました（▶P74）。

## ハンニバル将軍の常識破りのアルプス越え

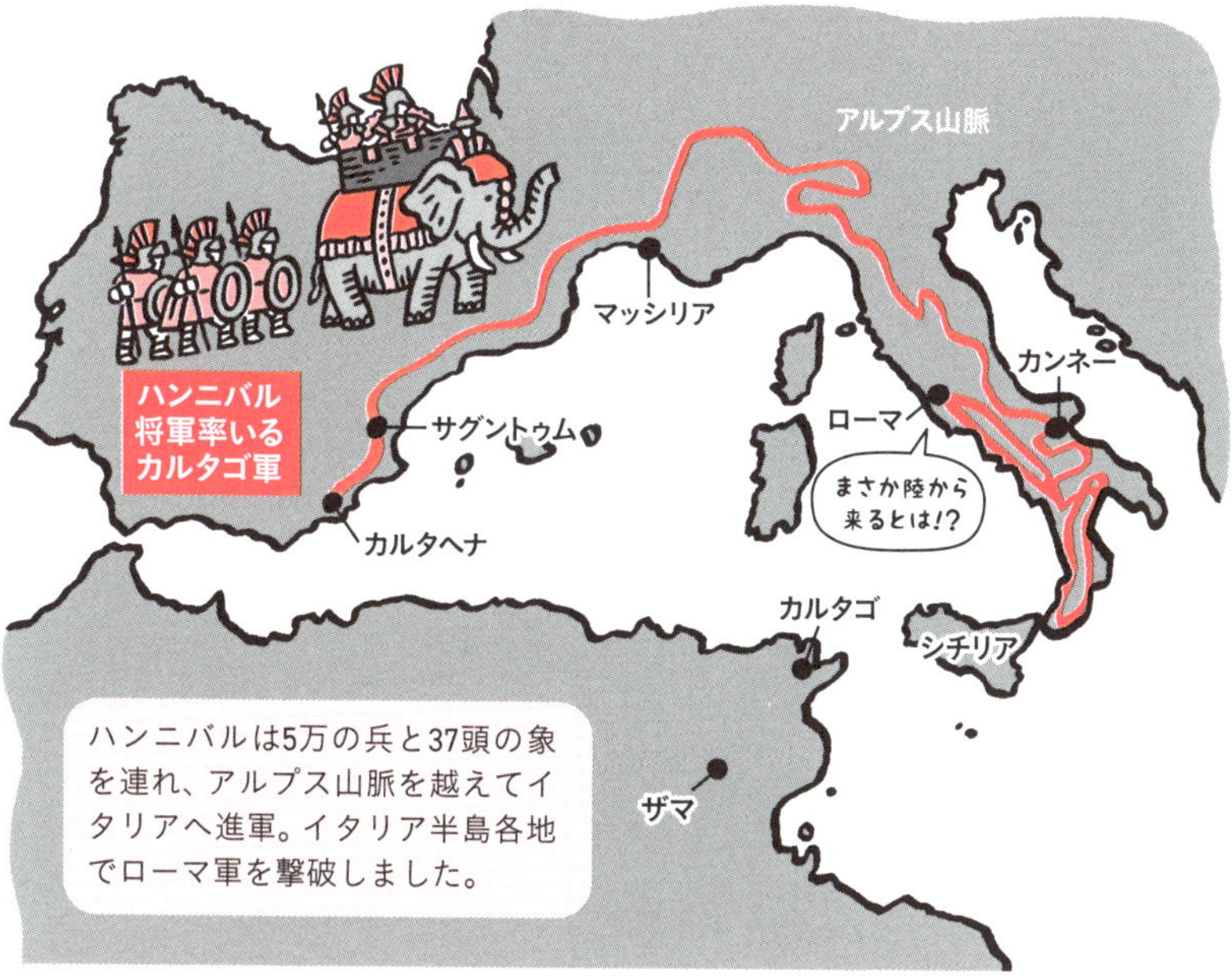


ハンニバルは5万の兵と37頭の象を連れ、アルプス山脈を越えてイタリアへ進軍。イタリア半島各地でローマ軍を撃破しました。

## クリミアを巡る歴史〜ロシアの南下政策の野望

**Point!**

P74でも述べた通り、クリミア半島にある軍港セヴァストポリは、黒海に面しているため、ボスポラス・ダーダネルス両海峡を通って地中海に出る重要な拠点です。2014年にプーチンがクリミアをロシアに編入したのは、こうした理由があったのです。

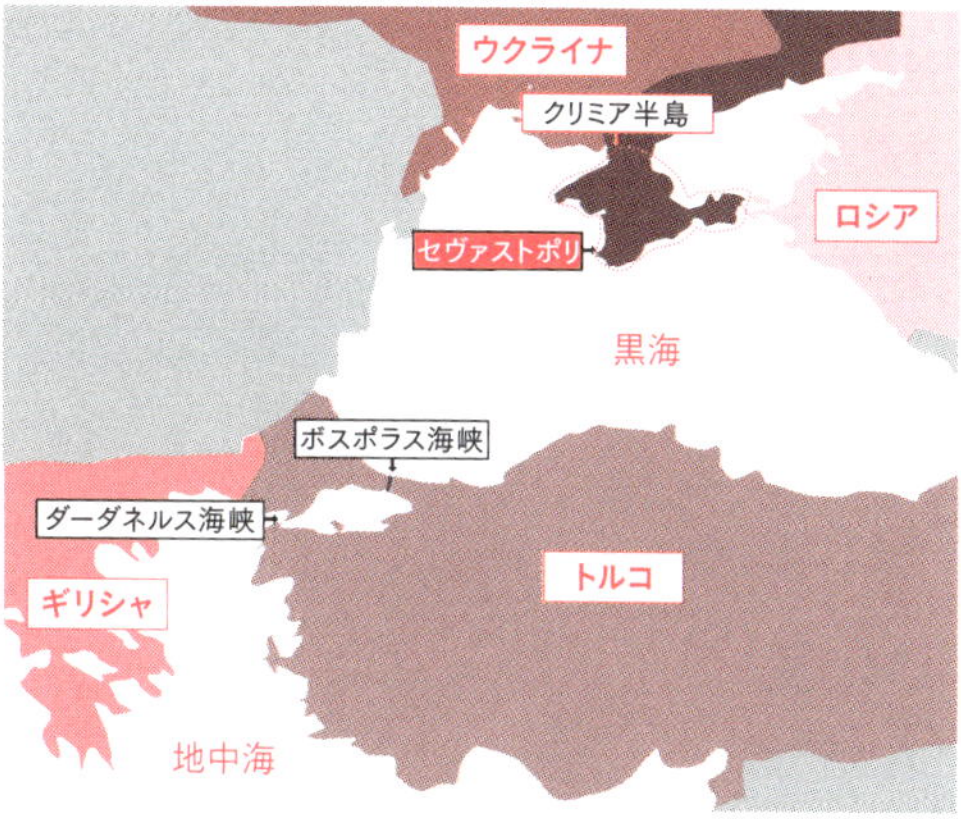

ヨーロッパの地政学③

# 世界を巻き込んだヨーロッパの戦争

## 世界同時不況とファシズムの台頭

**1914年から4年間続いた第一次世界大戦**は、ドイツ・イタリア・オーストリアの三国同盟と、イギリス・ロシア・フランスの三国協商の対立を背景に起こりました。世界が同時不況に陥る中、オーストリアの皇太子がセルビア人に暗殺された「サラエボ事件」をきっかけに、ヨーロッパだけでなく、オスマン帝国、アメリカ、日本までが参戦する世界規模の戦争が巻き起こったのです。

戦争は同盟国側の敗戦に終わり、莫大な賠償金を背負わされたドイツでは、ハウスホーファーの地政学（▶P30）を利用したヒトラーが、市民の不満を巧みに煽って台頭しました。

**1939年に始まった第二次世界大戦**は、ヒトラー率いるナチス・ドイツのポーランド侵攻によって勃発。世界恐慌の中、〝生存圏〟の獲得を目指したドイツが失地回復を狙ったのです。この戦いは、ドイツ・イタリア・日本を中心とする枢軸国が、イギリス・アメリカを中心とした連合国に敗れました。

戦後のヨーロッパは、米ソ両国による冷戦構造に組み込まれ、東西に二分されました。そして、やがて**西側の国々は、米ソ両国に対抗し得る〝第三の経済圏〟の結成に向け、動き出す**のです。

## 第一次世界大戦直前のヨーロッパ主要国の協調関係

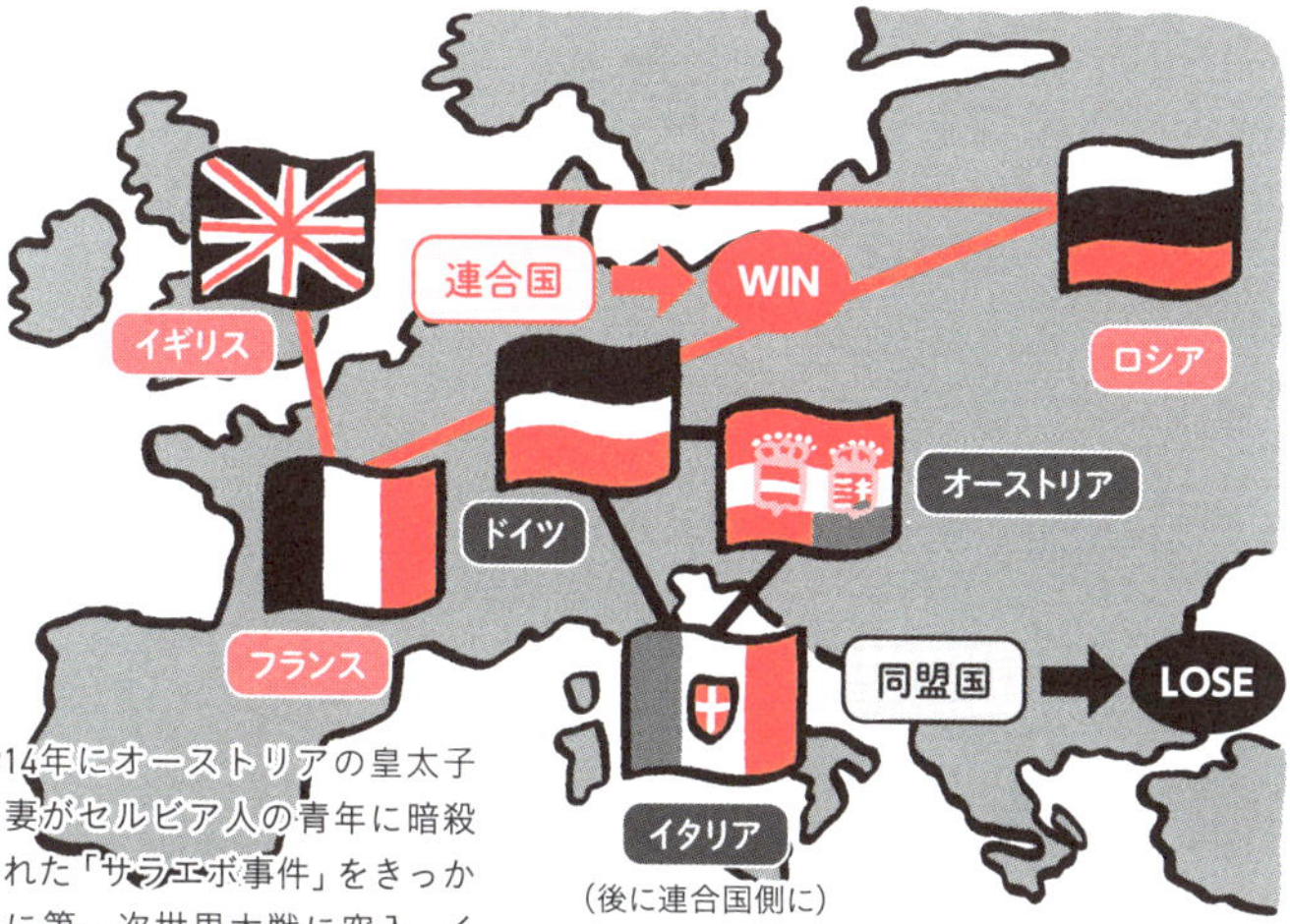


1914年にオーストリアの皇太子夫妻がセルビア人の青年に暗殺された「サラエボ事件」をきっかけに第一次世界大戦に突入。イギリス、フランス、ロシアを中心とした連合国側が勝利を収めた。

## 第二次世界大戦における対立構図

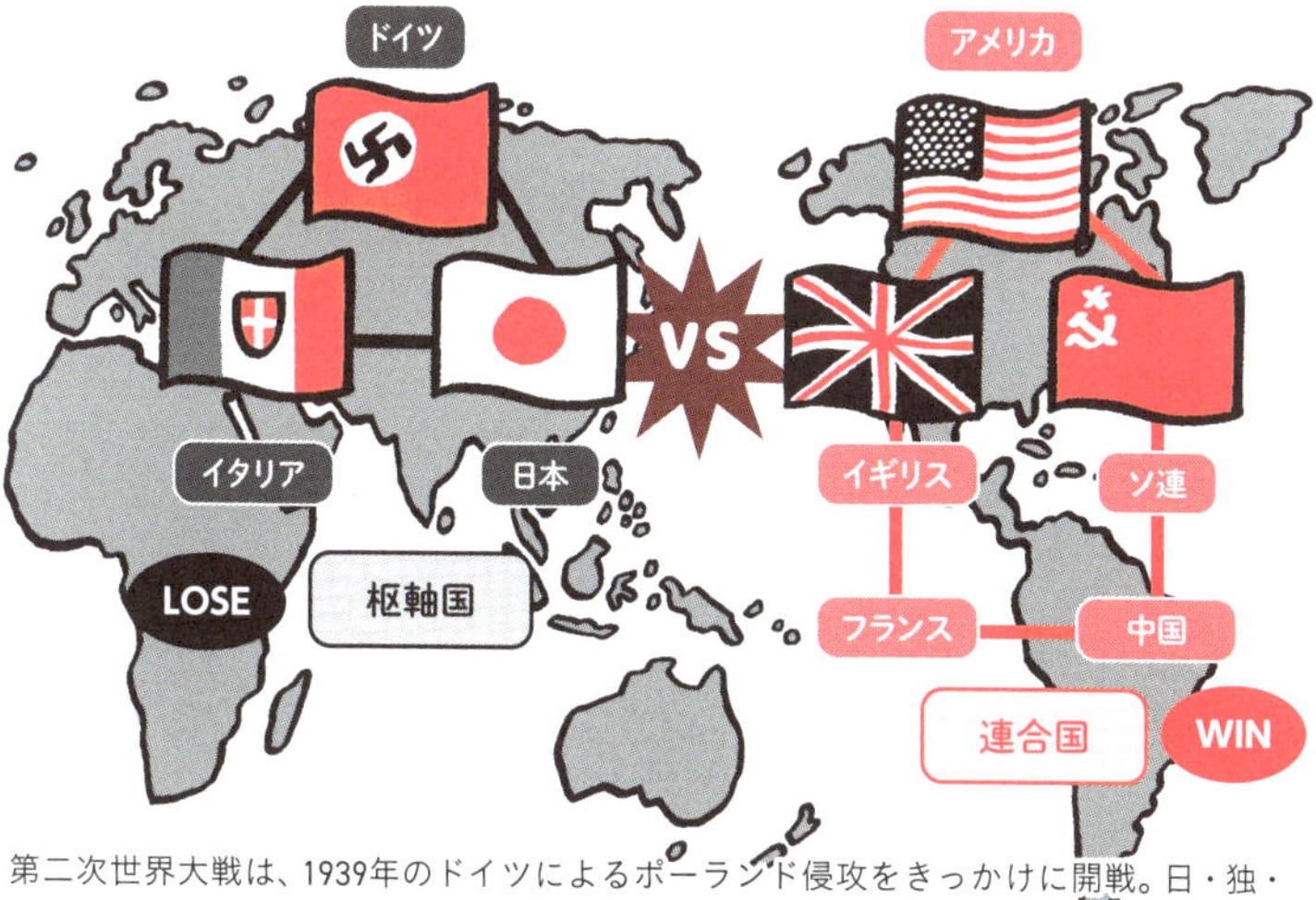


第二次世界大戦は、1939年のドイツによるポーランド侵攻をきっかけに開戦。日・独・伊などのファシズム枢軸国軍と、英・仏・米などにソ連を含めた連合国軍との戦いという構図で、世界各地で戦いが勃発。6年に及ぶ死闘の末に、連合国側が勝利を収めた。

※国旗は当時のものです。

米ソに対抗するために結束

ヨーロッパの地政学④

# 巨大経済圏・EUの誕生と動揺

## 第二次世界大戦後の主役はアメリカとソ連

戦後の主役は私たちだ!!
ソ連
対ドイツ戦勝利の最大貢献国として、社会主義に対する内外の信頼と威信を高め、アメリカと並ぶ超大国に。
アメリカ
戦争により技術革新を遂げ、資本主義世界で最大最強の軍事国家に。

### チャーチルが提唱したヨーロッパ合衆国

2度にわたる世界大戦の主戦場となったヨーロッパは荒廃し、世界の主役の座を米ソに譲りました。危機感を覚えたイギリスのチャーチルは、1946年、「ヨーロッパ合衆国構想」を提唱します。ヨーロッパの国々を連合体にすることで、両大国に対抗する新たな経済圏を構築しようとしたのです。

これを受け、ECSC（欧州石炭鉄鋼共同体）、EEC（欧州経済共同体）、EAEC（欧州原子力共同体）が結成され、EC（欧州共同体）を経て、1993年に**EU（欧州連**

現在EUが抱える課題
イギリスの離脱（ブレグジット）
難民・移民問題
加盟国間の経済格差

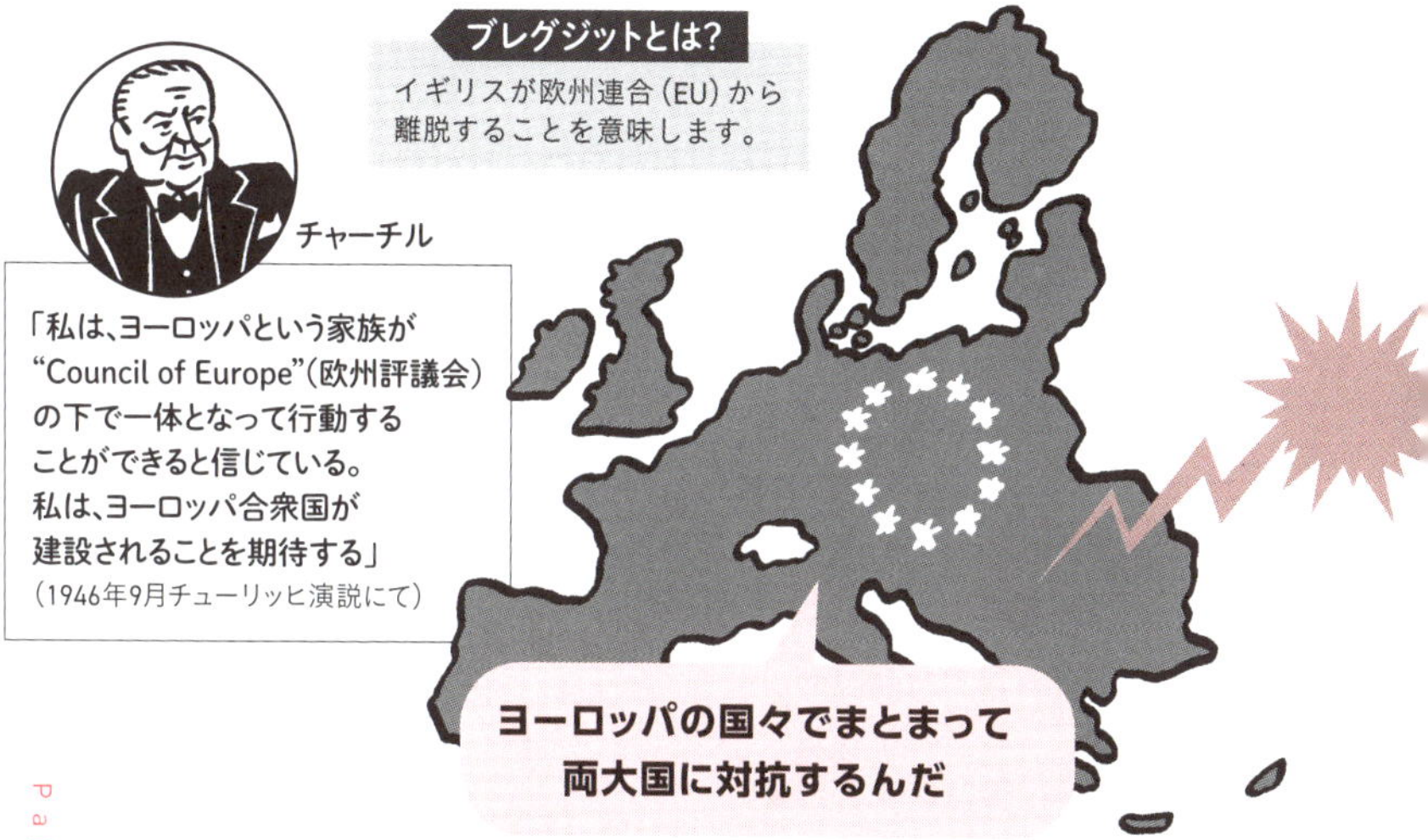
ブレグジットとは？
イギリスが欧州連合（EU）から離脱することを意味します。
チャーチル
「私は、ヨーロッパという家族が“Council of Europe”（欧州評議会）の下で一体となって行動することができると信じている。私は、ヨーロッパ合衆国が建設されることを期待する」
（1946年9月チューリッヒ演説にて）
ヨーロッパの国々でまとまって
両大国に対抗するんだ

**合）が創設**されました。

ソ連崩壊後に東欧の国々が次々とEUに加盟し、本当の意味でのヨーロッパ共同体が完成しました。2024年時点でのEU加盟国は27ヵ国で、トルコ、ウクライナ、北マケドニア、モンテネグロ、セルビア、アルバニア、ジョージアなどが正式な加盟候補国となっています。

EUは創設以来、共通通貨ユーロの発行、関税・国境通関手続きの廃止など、数々の施策を実現させてきました。**現在のEUは、イギリスの離脱（ブレグジット）、加盟国間の経済格差、流入する難民・移民問題など、様々な課題を抱えています。**

ヨーロッパの地政学⑤

# 各国で台頭するポピュリズム政党

## ポピュリズムとは？

主に一般大衆の利益を守り、大衆の支持のもと、既存の体制や知識人などのいわゆるエリートと呼ばれる人々に対して批判的な立場をとる政治。

**ポピュリズムのメリット・デメリット**

**メリット**
- 国民が政治に積極的に関われるようになる
- 幅広い政策が発信される
- 政治への関心が高まる

**デメリット**
- 社会が分断する
- 立憲主義が蔑ろにされる
- 独裁者を生み出しやすい

### 反EU・反イスラムを掲げる政党の動向

「ポピュリズム」とは一般的に、大衆迎合的な政治思想や運動を表し、大衆を扇動するために急進的で非現実的な主張をすることが少なくありません。また「排外主義」と結びつきやすく、攻撃的であるのも特徴のひとつだといわれています。

ヨーロッパでは、ギリシャの財政破綻が招いたユーロ危機が危ぶまれ、シリア内戦を逃れた100万人以上のイスラム系難民・移民が押し寄せる中、**2018年までにEU圏内に40を超える「ポピュリズム政党」が誕生**しました。

## ヨーロッパに広がるポピュリズム政党

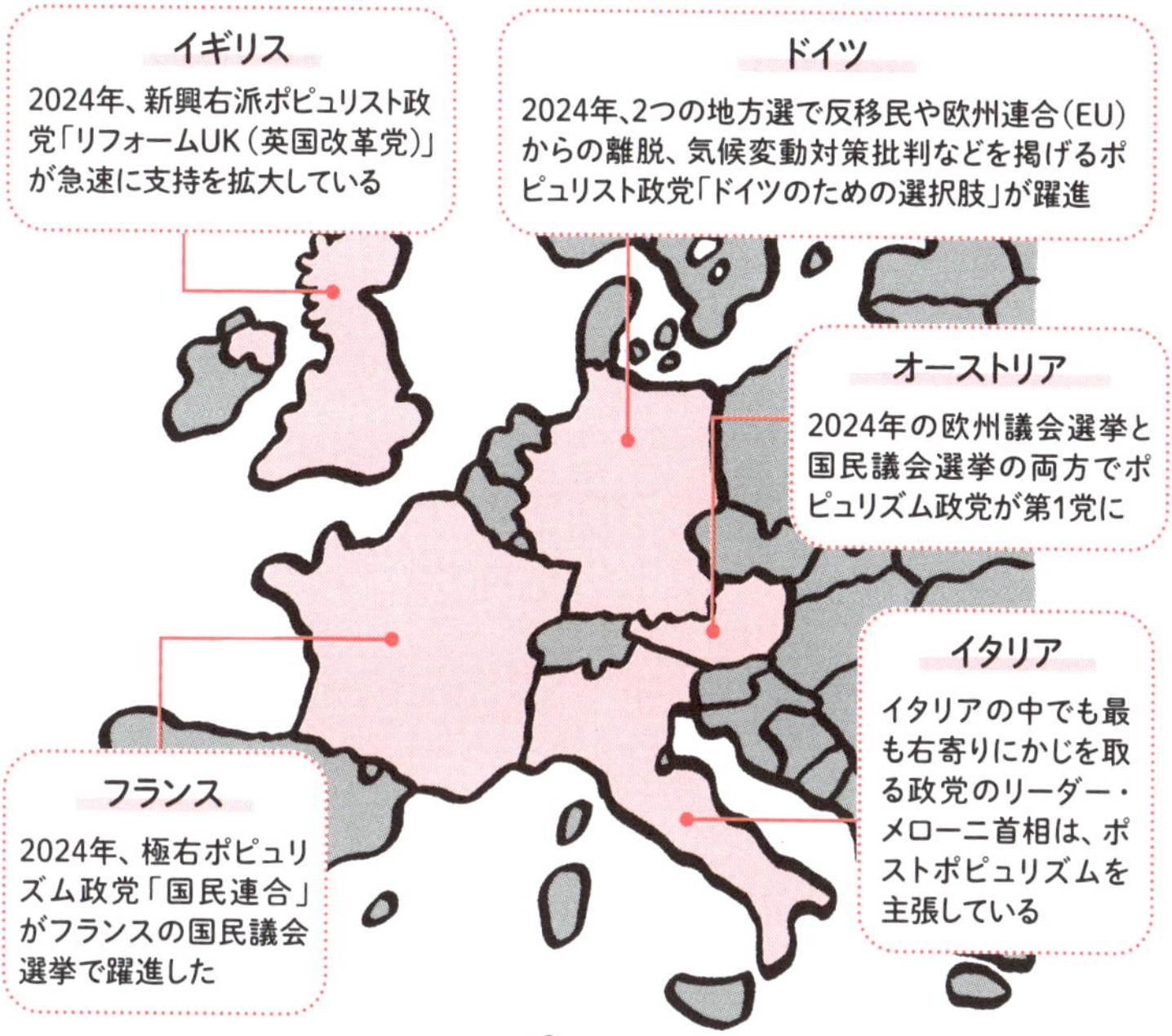
イギリス
2024年、新興右派ポピュリスト政党「リフォームUK（英国改革党）」が急速に支持を拡大している
ドイツ
2024年、2つの地方選で反移民や欧州連合（EU）からの離脱、気候変動対策批判などを掲げるポピュリスト政党「ドイツのための選択肢」が躍進
オーストリア
2024年の欧州議会選挙と国民議会選挙の両方でポピュリズム政党が第1党に
イタリア
イタリアの中でも最も右寄りにかじを取る政党のリーダー・メローニ首相は、ポストポピュリズムを主張している
フランス
2024年、極右ポピュリズム政党「国民連合」がフランスの国民議会選挙で躍進した

ヨーロッパにおけるポピュリズム政党の台頭の理由の1つに、急速に進むグローバル化の中で広がった所得格差への反発がある。

２０１９年には、５年に１度行われる欧州議会議員選挙に向け、「反イスラム・反ＥＵ」を掲げるフランスの「国民連合」、「ドイツのための選択肢」、イタリアの「同盟」などに所属する10ヵ国の議員たちが新会派**「アイデンティティと民主主義」（ID）**を結成。移民・難民の流入を大幅に制限するための制度変更、国境管理の強化、ＥＵに〝奪われた〟各国の権限を取り戻すといった政策を発表しました。

この主張は、加盟国内で「人、物、サービス、資本」の「移動の自由」を保障するＥＵの基本政策を揺るがすものです。

イギリスの地政学①

# シーパワー大国のオフショア・バランシング

## イギリスの対外国家戦略「オフショア・バランシング」

イギリスのオフショア・バランシングとは、基本的には沖合（オフショア）からヨーロッパ諸国の動向を観察しつつ、のちに敵になりそうな勢力が現れた時には他国と協力して政治的・軍事的に介入し、その勢力の勢いを削ごうとする戦略のこと。

## ナポレオンとヒトラーを「沖合」から駆逐

かつて七つの海を制し、世界の陸地の約4分の1を支配したイギリスは、**「ヨーロッパ半島の北西に浮かぶ島国」という地政学的特性を最大限に活かしたシーパワー大国**です。

イギリスの伝統的な戦略とされるのが、**沖合（オフショア）からヨーロッパ諸国の動向を観察し、バランス・オブ・パワー（▶P80）を維持する「オフショア・バランシング」**です。

シーパワーを駆使して覇権を握ったイギリスは、ヨーロッパ大陸に侵攻したことが一度もありません。歴

## ナポレオンが台頭（19世紀）すると……

ナポレオンによる軍事的脅威に対抗するために、イギリスが中心となり、ヨーロッパ諸国によびかけて軍事同盟を結成。

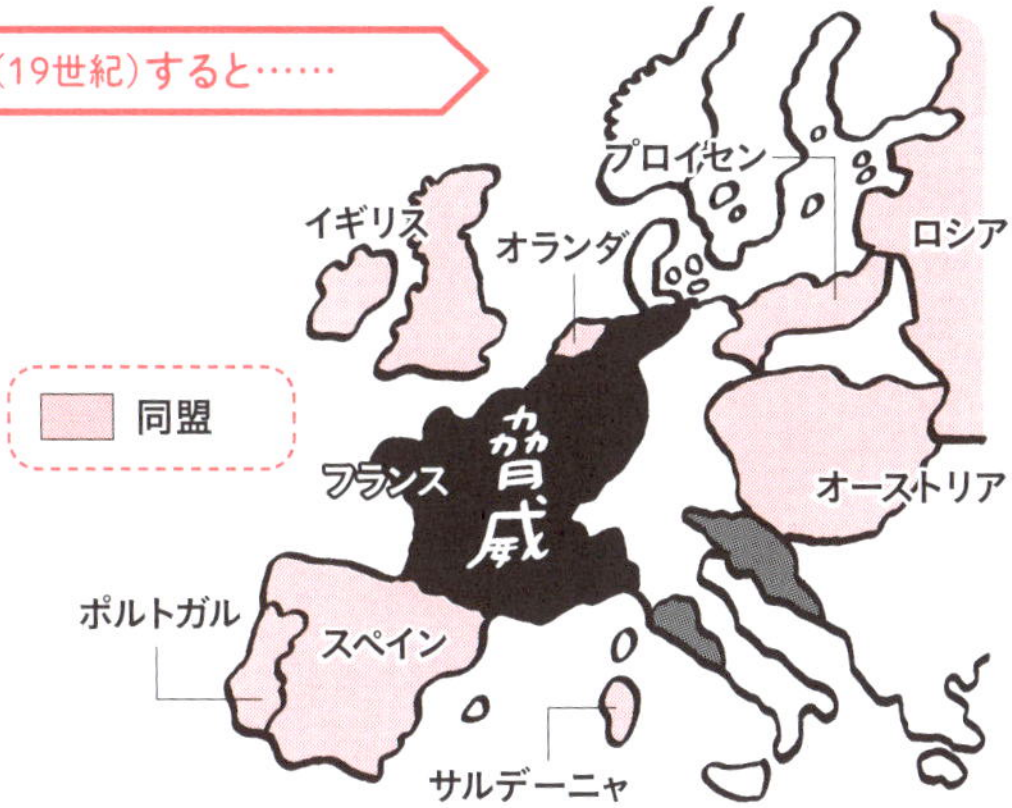


## ヒトラー率いるナチス・ドイツの脅威が大きくなる（第二次世界大戦前）と……

ドイツ軍が1939年9月1日にポーランドに侵攻すると、イギリスとフランスの連合国がドイツに宣戦布告して開戦。その後、ソ連、アメリカなどが連合国側で参戦した。

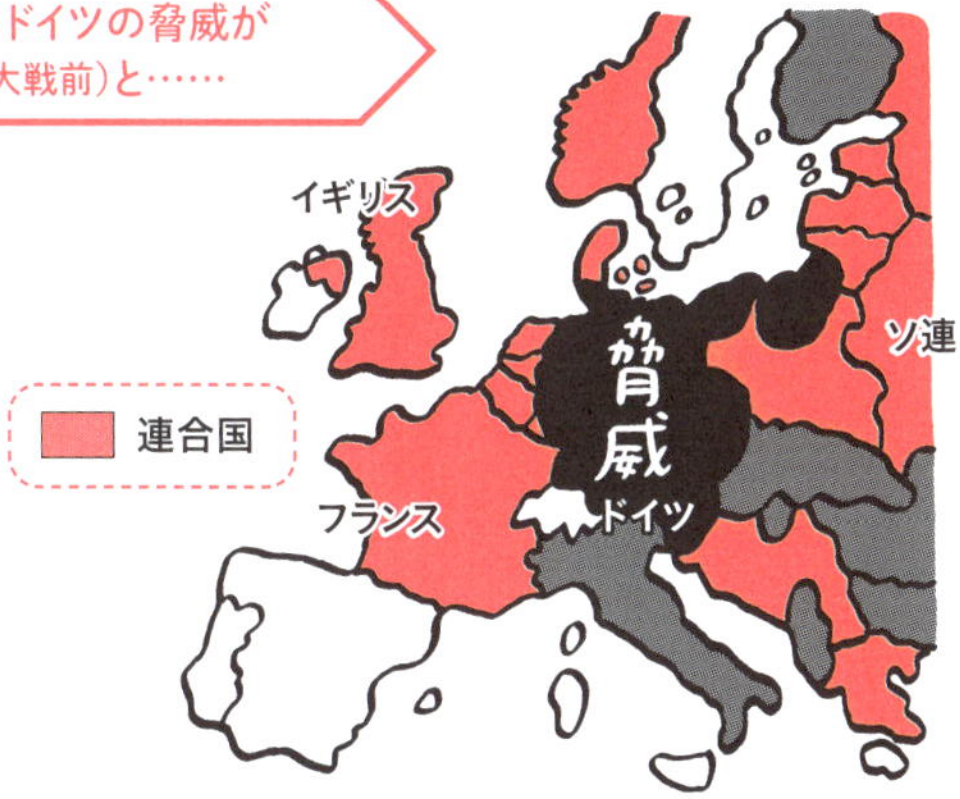


史を振り返ると、フランスのナポレオンが台頭した19世紀にイギリスは、スペイン、オーストリア、プロイセン、ロシアなどと、7回にも及ぶ「対仏大同盟」を結成してフランスを包囲。最後はオランダとの連合軍でワーテルローの戦いに挑み、ナポレオンを敗走させました。

また、ヒトラー率いるナチス・ドイツとの第二次世界大戦では、フランス、ソ連に協力しつつ、アメリカのローズヴェルト大統領に参戦を説得し、戦況を逆転させています。

イギリスはこうした**オフショア・バランシングによって、大国としての地位を保ってきた**のです。

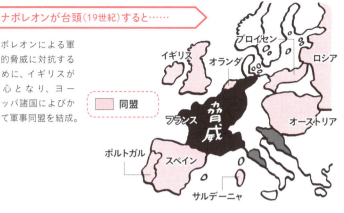

イギリスの地政学②

# スコットランド・北アイルランド問題

## EU離脱で再燃したリージョナリズム

　イギリスの正式名称は「グレートブリテン及び北アイルランド連合王国」。イングランド、スコットランド、ウェールズ、北アイルランドから構成されています。もともとイングランドとは別の国であった3つの地域には、「**リージョナリズム**」(地域主義)が根付いており、**イギリスのEU離脱によってその機運が再燃しています。**

　スコットランドでは、イングランドからの分離独立の是非を問う住民投票が2014年に行われ、わずかに反対が上回りました。

　しかし、その後イギリスはEUを離脱。EU残留派が多数を占めるスコットランドで(2016年の国民投票でのEU残留票は62%)離脱への反対論が沸騰し、2021年の地方選挙では分離独立を目指す勢力が議席の過半数を占めました。

　一方、北アイルランドではイギリスのEU離脱以降、一時暴動が多発しました。イギリスはEU離脱の際、北アイルランドと、その隣国でEUに加盟しているアイルランドとの国境に検問所を設置しないで済むよう、通商上、北アイルランドをEU側に残しました。この措置を**イギリスから切り離されたと感じた住民が、反発したのです。**

## イギリス内の通商問題は解決も

イギリスはEUの関税同盟から離脱する一方で、北アイルランドだけは部分的に留まることにより、アイルランドとの間の国境を開放しておくことでEUと合意。事実上、北アイルランドはイギリスから切り離され、EUに残留したような形になりました。

その結果、グレートブリテン島と北アイルランドの間に物流上の国境（税関）が存在することになり、北アイルランドへの物流は停滞。しかし、2023年、イギリスとEUはイギリスのEU離脱協定の一部を見直すことで合意。これにより、北アイルランドとグレートブリテン島の間の物流ルールが是正され、通商問題に決着がつきました。

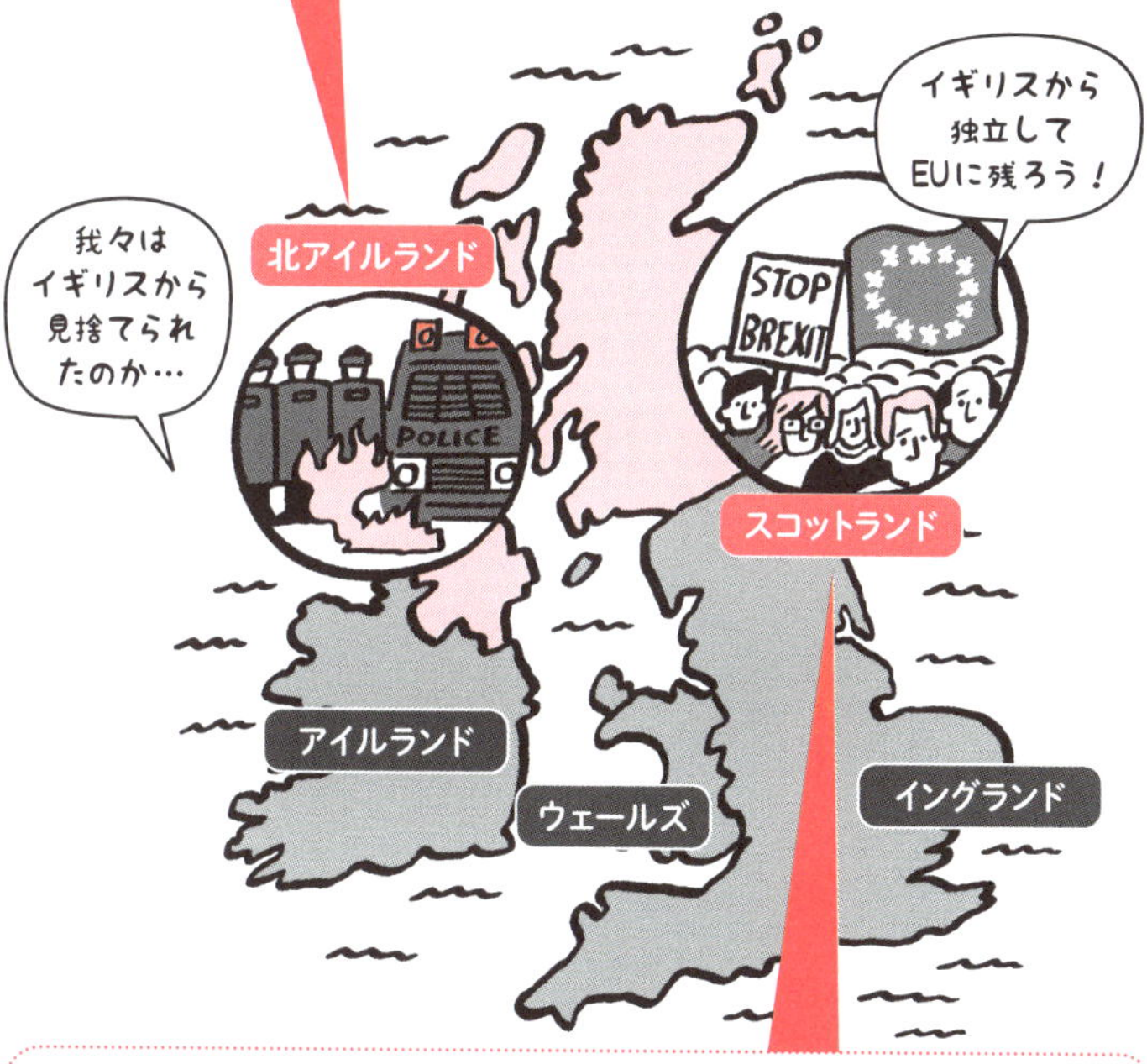


2021年に行われたスコットランド議会選では、地域の独立を目指す与党が野党の「独立派」と合わせて過半数を占めました。スコットランド行政府（地方政府）首相は勝利が確定した直後の演説で「（独立を問う）住民投票の実施は民主主義の根幹に関わる問題」だと力説。分離独立を目指す姿勢をみせました。しかし、最初の住民投票から10年経った後、2度目の住民投票の見通しは立っていません。

ドイツの地政学

# 大国に囲まれたドイツ帝国の興亡

## 19世紀のヨーロッパに誕生した軍事大国

　ドイツの地政学的な特徴は、ヨーロッパのほぼ中央に位置し、ロシア、フランス、イギリスといった大国に囲まれていることにあります。古来、周辺国からの侵略を受けていたこの地域には統一国家が存在せず、中世に成立した神聖ローマ帝国も、300以上の小国の連合体に過ぎませんでした。

　そんな中、1862年にプロイセン王国の首相に任命されたオットー・フォン・ビスマルクが、軍事力の増強によるドイツ統一を主張。デンマーク、オーストリア、フランスとの戦争に勝利し、**1871年、ついにドイツ統一を果たした**のです。

　**ヨーロッパの真ん中に突然現れたドイツ帝国に、周辺国は警戒感を募らせます。**1894年にロシアとフランスは、ドイツを挟み込むように露仏同盟を締結。ドイツは2つの正面戦争に備え、まずは全兵力を集中させてフランスを降伏させ、反転してロシアを叩くという「シュリーフェン（ドイツの軍人）プラン」を立案しました。

　しかし、第一次世界大戦でこの作戦は機能しませんでした。この失敗を踏まえ、独ソ不可侵条約を結んだ上で第二次世界大戦に挑んだヒトラーも、自らソ連に侵攻して敗れています。

## 第一次世界大戦（1914～1918年）

敗れたドイツには多額の賠償金が課され、追い打ちをかけるように世界恐慌で経済が停滞。賠償金の支払いを拒否するナチス党が第一党になり、1933年にはヒトラー内閣が誕生。そこから第二次世界大戦へ突き進んでいくのでした。

WINNER
LOSER

## 第二次世界大戦（1939～1945年）

WINNER
LOSER

ナチスドイツ降伏後、イギリス・フランス・アメリカ・ソ連により分割占領されましたが、米ソの対立が深刻化したことにより、1949年にドイツ連邦共和国（西ドイツ）とドイツ民主共和国（東ドイツ）の分断国家となりました。

二度の
世界大戦後、
ドイツは
東西に分断
西側陣営
東側陣営

1989年の東欧革命で東ドイツが崩壊、ベルリンの壁も解放され、1990年に西ドイツが東ドイツを吸収する形で統一が実現した。

※国旗は当時のものです。

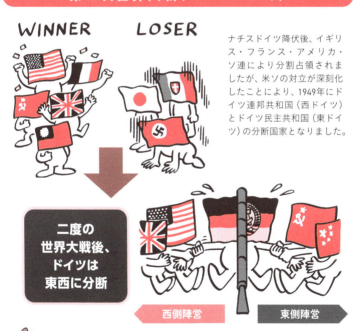

イギリスと歴史的和解を果たす

フランスの地政学

# 大陸国家・海洋国家 2つの顔を持つ大国

## 歴史的転換点となった英仏・英露協商

ヨーロッパ半島の中央部、大西洋と地中海に挟まれた最も狭小な部分に位置し、半島最大の面積を誇るフランスは、**ランドパワーとシーパワー、双方の側面を持つ珍しい国家**です。

17世紀初頭、現在のカナダを足掛かりに、北米、西インド諸島、南米、西アフリカ、インドにまで進出したフランスでしたが、イギリスとの植民地戦争に敗れ、18世紀半ばには北米から撤退。19世紀にはアフリカ西岸～東岸を植民地で接続する「アフリカ横断作戦」に乗り出しますが、「アフリカ縦断作戦」を展開するイギリスと対立し、1898年、スーダンで武力衝突の危機に晒されました。

この時、台頭するドイツ帝国への警戒感を強めていたフランスは、歴史的転換を図ります。**中世以来、対立関係にあったイギリスに譲歩し、**原語で「友好的な相互理解」を意味する**「英仏協商」を1904年に締結した**のです。

その主な内容は、エジプトでのイギリスの優越権、モロッコでのフランスの優越権の承認、タイの勢力範囲の確認、スエズ運河の自由通航の確認などでした。

この条約締結後、英露協商が結ばれ、英仏協商は三国協商に発展するのです。

## 17〜19世紀、覇権を争ったフランスとイギリス

### 19世紀後半ドイツ帝国が台頭

1871年、プロイセンを中心とした統一国家・ドイツ帝国が建国されると、1888年に即位したヴィルヘルム2世が世界政策を推進。

### フランスとイギリスが戦った戦争

| | （年） |
|---|---|
| ファルツ戦争／アウクスブルク同盟戦争［欧］ | （1688〜97） |
| ウィリアム王戦争［北米］ | （1689〜97） |
| スペイン継承戦争［欧］ | （1701〜13） |
| アン女王戦争［北米］ | （1702〜13） |
| ジェンキンスの耳戦争［北米］ | （1739〜48） |
| オーストリア継承戦争［欧］ | （1740〜48） |
| ジョージ王戦争［北米］ | （1744〜48） |
| カーナティック戦争［印］ | （第1次:1744〜48、第2次:50〜54、第3次:58〜61） |
| フレンチ・インディアン戦争［北米］ | （1755〜63） |
| 七年戦争［欧］ | （1756〜63） |
| プラッシーの戦い［印］ | （1757） |
| アメリカ独立戦争［北米］ | （1778〜83） |
| フランス革命に対するイギリスの干渉［欧］ | （1793〜1802） |
| ナポレオン戦争［欧］ | （1796〜1815） |

**フランスの歴史的転換**

英仏協商（1904年） → その後英露協商が結ばれる → 三国協商（英仏露）

フィンランドの地政学

# NATO加盟を決めたフィンランドとロシアの関係

## フィンランドの独立を守った「冬戦争」

スカンジナビア半島に位置するフィンランドは、伝統的に西側陣営にも東側陣営にもつかない中立政策を取っていました。しかし、ウクライナ侵攻によってロシアに対する不信感が頂点に達したため、政策を転換。**隣国のスウェーデンとともにNATO加盟**という選択を行いました。

この政策転換は地政学上において、大きな意味を持ちます。長い間、**フィンランドは西側陣営とロシアとのバッファゾーンの役割を果たしてきました**が、フィンランドのNATO加盟で、このバッファゾーンがなくなり、**ロシアはNATO加盟国と直に接することになったから**です。

実は、かつてロシアはソ連時代にフィンランドに侵攻しています。それが1939年11月に始まった「冬戦争」です。圧倒的な軍事力を持つソ連を前に誰もがフィンランドの敗北を確信。しかし、フィンランド独特の自然環境がその予想を覆します。

国土のほとんどを森が占め、しかも冬には氷点下40度にもなる極寒の中で、ソ連兵は戦車の機動力をうまく発揮できず、一方、森の奥深くに潜んだフィンランド軍のスナイパーはスキーで移動しながら、敵の指揮官を集中的に狙撃。自国の地形を利用したフィンランド軍の前に、ソ連は停戦を余儀なくされたのでした。

## 西側陣営と東側陣営のバッファゾーンだったフィンランド

| フィンランド | |
|---|---|
| 1917年 | 独立 |
| 1939年 | 冬戦争 |
| 1995年 | EU加盟 |
| 2023年 | NATO加盟 |

フィンランドは、12〜18世紀の約600年間、スウェーデンの支配を受けていました。その後、約100年間、帝政ロシアの統治下に置かれ、1917年にロシア革命に乗じて独立すると、冬戦争やナチスドイツとの戦いにも耐えしのぎ、独立を堅持しました。

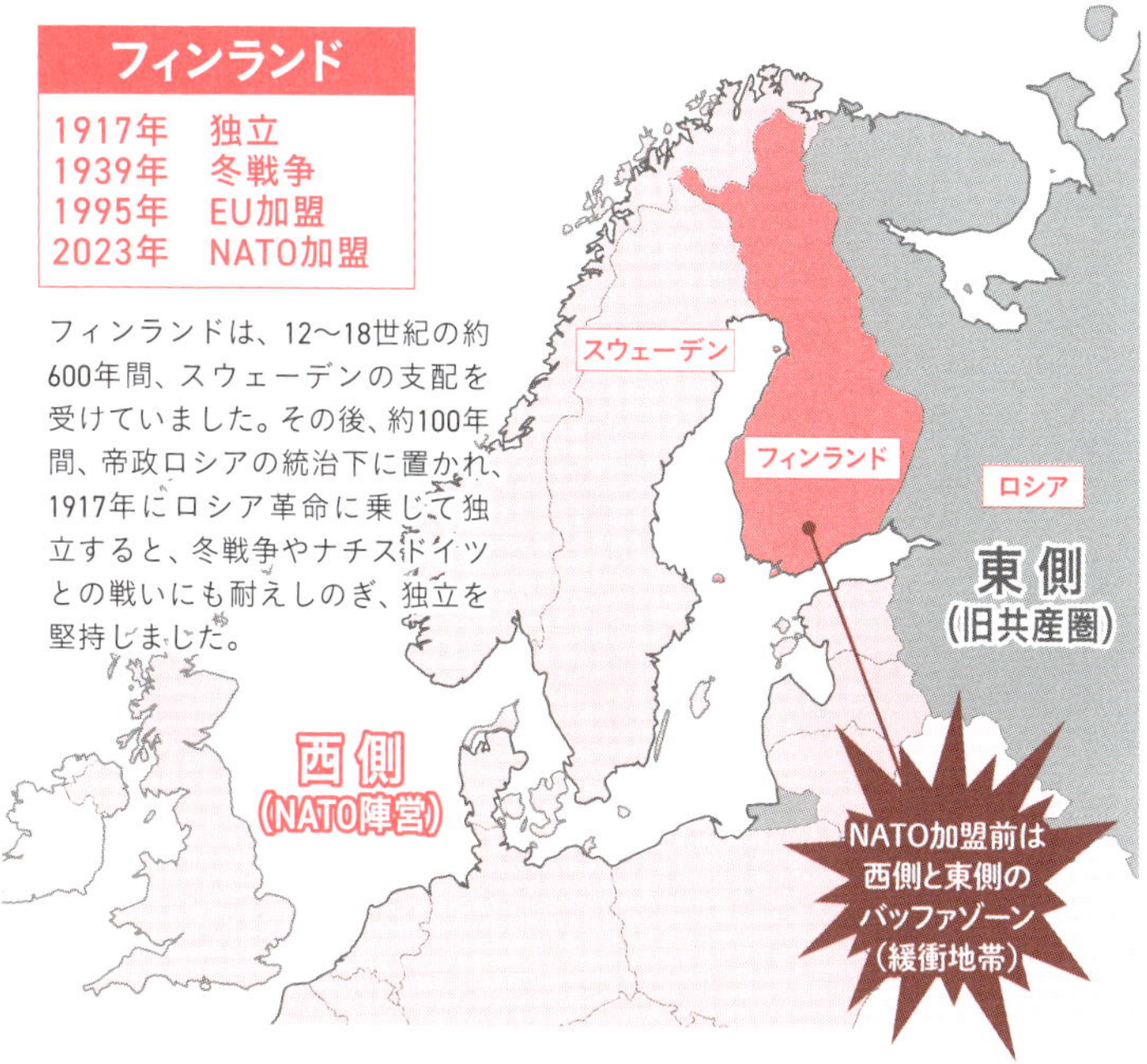

スウェーデン
フィンランド
ロシア
東側
(旧共産圏)
西側
(NATO陣営)
NATO加盟前は
西側と東側の
バッファゾーン
(緩衝地帯)


## 地形と気候を味方につけたフィンランド軍

白い死神の異名を持つ猟師出身のシモ・ヘイヘをはじめとするフィンランドのスナイパー(狙撃手)たちは、ソ連の将校の命を数多く奪い、大きな打撃を与えました。

白い死神
シモ・ヘイヘ

雪の中を自由自在に移動するフィンランドのスキー部隊。

Part 5

地政学で先読み！

# 世界の未来予想図

激化する国際テロ、加熱する米中対立、緊張高まる東アジア……。今世界で起きている問題を読み解きつつ、世界情勢の未来を予想します。

コロナ禍により
世界のパワーバランスが
どう変わるのかを
考える

＋

キーになるのは
米中とイスラム諸国、
および日本の動向

つまり

**これからの**
**世界情勢を**
**地政学的視点で**
**読み解こう！**

世界の未来予想図①

# 国際化するテロは日本で起きるのか？

## 日本に飛び火する可能性は極めて低い

２０２１年、米軍の撤退もあり、タリバンが全土を制圧したアフガニスタンの首都カブール周辺で、過激派組織イスラム国（ＩＳ）による大規模な自爆テロが相次ぎました。

そもそもＩＳが生まれた背景には、１９１６年の**「サイクス・ピコ協定」**（▶Ｐ１２９）があります。露・英・仏の３ヵ国が、第一次世界大戦終了後の旧オスマン帝国領の分配を勝手に決めたこの秘密協定は、ロシア革命によって協定から離脱したソ連（ロシア）のレーニンによって暴露され、アラブ人の怒りを買いました。

複雑な地形に多様な宗派、様々な民族が複雑に絡み合った中東地域は、西洋人が鉛筆と定規で引いた国境線で分けられ、今もそれに縛られています。この矛盾が、ＩＳを誕生させたのです。

そんな彼らは、**イスラム国家の建設を目指し、その存在を世界にアピールしています**（▶Ｐ１３８）。米軍の撤退で注目を浴びるカブールでの自爆テロも、その一環といえるでしょう。

そう考えれば、日本、ブラジル、アルゼンチンといった**国際的に注目される国家で、テロが起きる可能性は十分あるといえます。**ただ、現時点で日本でテロが起きる可能性はかなり低いと考えられています。

## 広範囲に広がるイスラム国の脅威

### イスラム国(IS)の影響力が及ぶアフリカ、中東地域

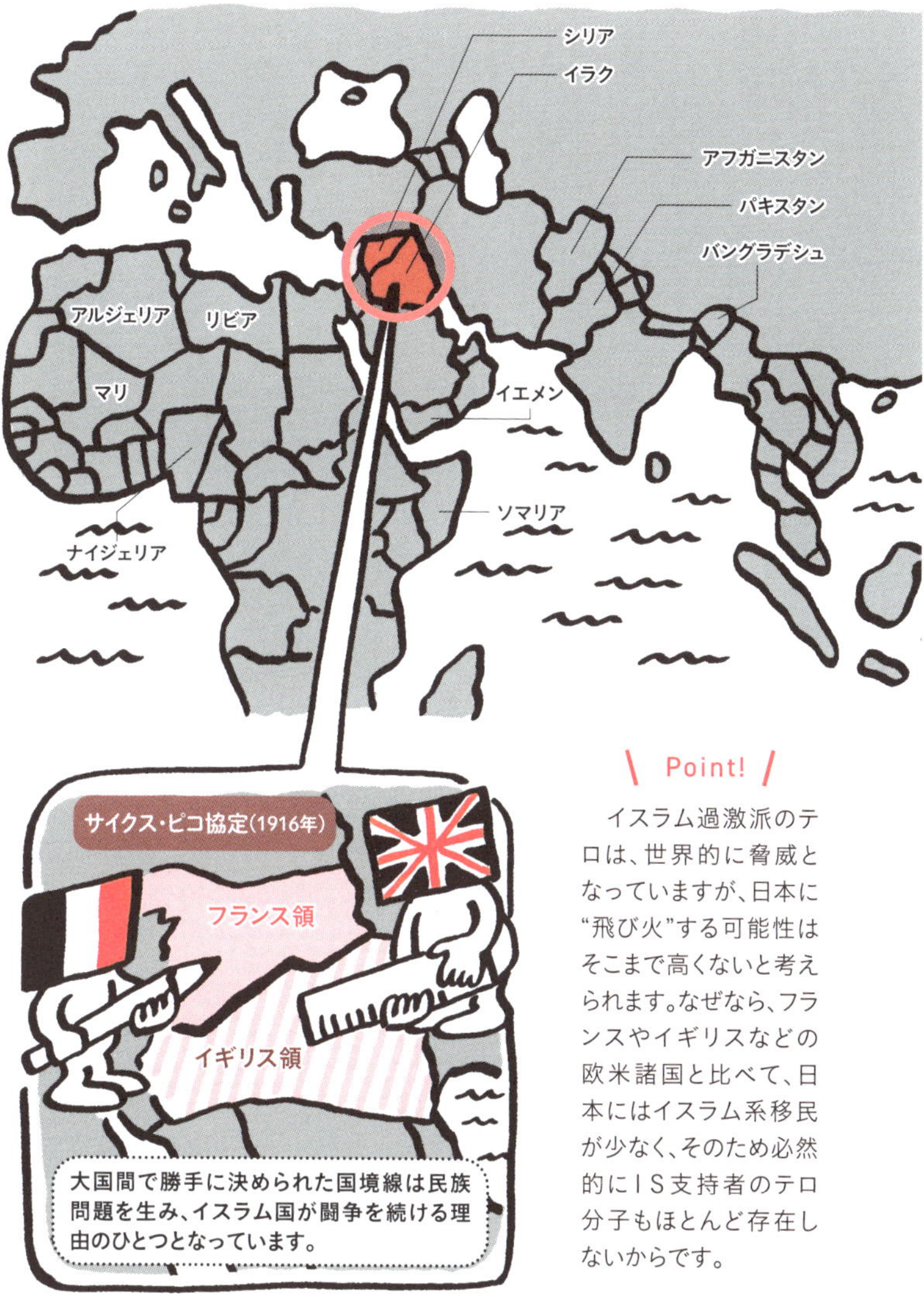
シリア
イラク
アフガニスタン
パキスタン
バングラデシュ
アルジェリア
リビア
マリ
イエメン
ソマリア
ナイジェリア
サイクス・ピコ協定(1916年)
フランス領
イギリス領
大国間で勝手に決められた国境線は民族問題を生み、イスラム国が闘争を続ける理由のひとつとなっています。

**Point!**

イスラム過激派のテロは、世界的に脅威となっていますが、日本に“飛び火”する可能性はそこまで高くないと考えられます。なぜなら、フランスやイギリスなどの欧米諸国と比べて、日本にはイスラム系移民が少なく、そのため必然的にIS支持者のテロ分子もほとんど存在しないからです。

「人種のるつぼ」だからこその悩み

世界の未来予想図②

# フランスがイスラム化する可能性は？

## 移民大国に待ち受ける運命

19世紀にアフリカに進出したフランスは、アルジェリア、チュニジア、モロッコ、コートジボワール、セネガル、ニジェール、スーダン（マリ共和国）などを次々に植民地化していきました。

第二次世界大戦後、そのほぼすべては独立しましたが、1950年代から労働力として積極的にアフリカ移民を受け入れてきたフランスは、今や人数で世界第7位、ヨーロッパではドイツ、イギリスに次ぐ第3位の**〝移民大国〟**となったのです。

20世紀前半までは移民の大半をヨーロッパ出身者が占めていましたが、近年の調査ではヨーロッパ出身者33・3％に対して、アフリカ大陸出身者は46・6％。**移民一世と二世を合わせたアフリカ出身者の人口は約1600万人**で、全人口の約24％を占めると推定されています。その中でも多いのが、北アフリカ出身のイスラム教徒です。

2015年には、過激派組織イスラム国（IS）によって、130人もの市民が犠牲となった「パリ同時多発テロ事件」が起こりました。

非移民の出生率が減り続ける中、「**このまま移民が増え続ければ、フランスはイスラム化してしまうのではないか**」——。フランス社会は今、そんな不安に悩まされているのです。

## 社会問題化するイスラム過激派によるテロ

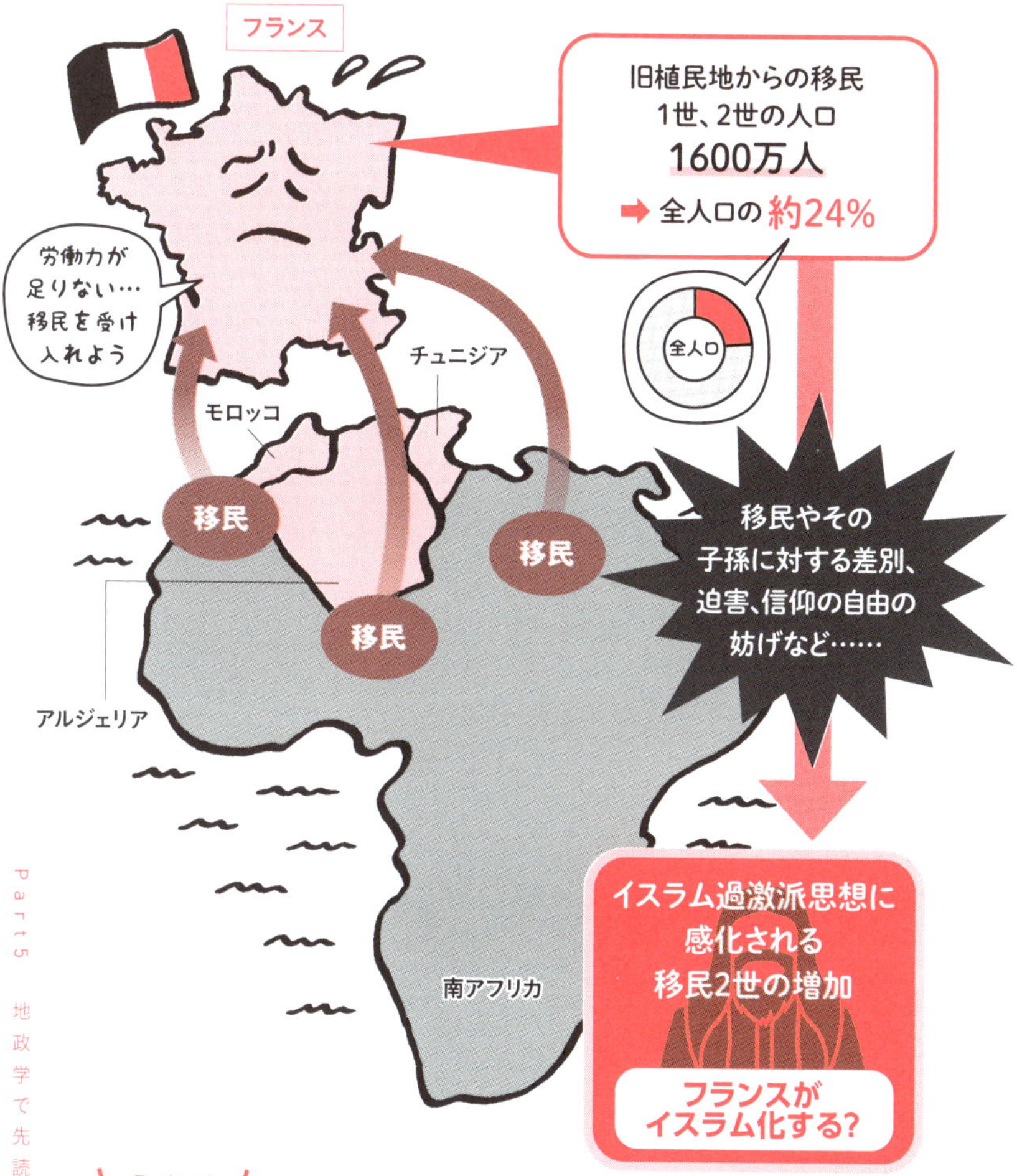

フランス
旧植民地からの移民
1世、2世の人口
1600万人
➡ 全人口の約24%
全人口
労働力が
足りない…
移民を受け
入れよう
チュニジア
モロッコ
移民
移民
移民
アルジェリア
移民やその
子孫に対する差別、
迫害、信仰の自由の
妨げなど……
南アフリカ
イスラム過激派思想に
感化される
移民2世の増加
フランスが
イスラム化する?


Point!

### 「ライシテ」が引き起こす分断

　現代のフランスの基本原則に「ライシテ」という考えがありますです。これは国家と宗教を完全に分離すること。学校などの公共の場で、頭部を覆うスカーフの着用を禁止しているのも、この考えに基づいていますが、このことに反発する国内のイスラム教徒は少なくありません。

現体制の維持こそが最大の目的

世界の未来予想図③

# 北朝鮮はなぜ核開発を止めないのか？

## 核をアメリカとの交渉のカードに使う

不安定な中東情勢に隠れてあまり目立ちませんが、**北朝鮮に核開発とミサイル発射実験を止める意志はありません。**その目的はアメリカとの対話を引き出すことにありますが、金正恩の真の目的は、現体制の維持、すなわち「金王朝」の存続です。

そのために北朝鮮は核開発を進め、**核保有国と認められた時点で、体制維持を保証する平和条約と相互不可侵条約を結ぼうとしている**のでしょう。

そんな北朝鮮の後ろ盾は中国ですが、中国にも北朝鮮についてのビジョンはないようです。

両国間には石油のパイプラインがあるので、それを止めれば北朝鮮はどうしようもなくなるのですが、それも実行しません。

実行すれば北朝鮮はたちまち崩壊し、中国に大量の難民が押し寄せてくるからです。

さらに、もし北朝鮮が崩壊したら、**北朝鮮の核弾頭は韓国の手に渡るでしょう。中国はそれを望んでいない**のです。

一方の北朝鮮も、中国やロシアを信頼しているわけではありません。信頼していれば、自分で核開発をせず、傘の下に入っていれば良いのですから。

**信用できないからこそ、自力で核開発に乗り出しているわけです。**

## 北朝鮮が武器を捨てない理由

アメリカと北朝鮮の主張は
互いに平行線のまま……。

イデオロギーを超えて対話を！

世界の未来予想図④

# アジアの平和のために日本はどうするべきか？

## 中東とヨーロッパの紛争に巻き込まれない

ロシア・ウクライナ戦争やガザ紛争は、**超大国アメリカの国力の低下を如実に物語る**ものでした。

アメリカはロシアのウクライナへの軍事介入を止められなかっただけでなく、ウクライナに強力な武器を供与しているにもかかわらず、ロシアを圧倒することができずにいます。また、イスラエルのガザ侵攻に歯止めがかけられず、中東での紛争は拡大の一途をたどっています。

こうした世界情勢下で、日本はどのような役割を果たすべきでしょうか。

まず、ウクライナや中東の問題に対して、岸田前政権は積極的に関与せずに、西側諸国の一員であるという名目は保ちつつ、ウクライナに対する援助金も西側諸国と比較して極めて少なく、武器も提供していません。イスラエルに対してもアメリカのように積極的に支持はしていません。

日本政府がこうした立場を取る理由は、まずは**東アジアの平和維持を中心とした外交政策を行っていこうとしているから**です。東アジアにおける日本の外交課題はいろいろとありますが、北朝鮮や中国など自分たちと相容れない考えを示す国とも積極的に対話をして、**東アジアで戦争を絶対起こさない**ということが第一義であるべきです。

## 東アジアの平和を構築するためには？

以下に挙げた3つの課題をクリアするために、日本は価値観等を乗り越えて、中国や北朝鮮のような強権国家とも、対話を通じて友好関係を築く必要があります。

CHECK!

### 日本の平和のための3つの課題

- 中国の台湾侵攻の脅威
- 北朝鮮の核兵器開発問題
- ASEAN（東南アジア諸国連合）との関係強化

世界の未来予想図⑤

# 岸田外交の総括と石破政権の未来予想図

## 奇跡的に成功した岸田前首相の外交

2024年8月に総裁選不出馬を表明して退陣した岸田前首相。支持率が10％台に低迷した政権でしたが、**外交に関しては奇跡的にうまく立ち回った**と思われます。それは彼に安倍元首相のような明確な理念やビジョンがなかったおかげです。

このことは2023年9月19日に行われた国連での一般演説に如実に現れています。岸田氏は、「ウクライナ戦争やガザ紛争などの国際的危機を解決するには国々の体制や価値観の違いを乗り越えることが重要」という趣旨の発言をしていますが、そこには、民主主義という言葉は一度も出てきませんでした。

これは岸田政権にとって西側的民主主義の理念よりも、トランプ的な日本ファースト（選挙区や自派閥の利益？）を重要視する姿勢を表しています。

実際、ウクライナ戦争において岸田政権はNATO加盟国が掲げる民主主義の正義に申し訳程度しか協力しておらず、支援金もドイツやフランスなどに比べればわずかなものです。

加えて、ガザには人道的支援をする一方で、イスラエルに対しては明確な支持も非難も行っていません。これはサウジアラビアやバーレーンのような**中東の産油国を刺激しない**ための賢いやり方

\ Point! /

### アジア版NATOが非現実的な理由

アジア版NATOと本家ヨーロッパのNATOは地理的条件が違いすぎて、比較するには地政学的に無理があります。本家のNATOは、ロシアと西側諸国（ドイツやフランスなど）がウクライナを挟んで陸続きになっています。一方、アジア版NATOの加盟国は大陸国家の中国に対して、日本やフィリピン、インドネシア、オーストラリアなど、海洋国家が多いからです。

です。

また、石破政権は中国への抑止力を高めるとする「**アジア版NATO（北大西洋条約機構）**」構想を自民党総裁選で掲げましたが、その実現は非現実的です。その理由はヨーロッパと東アジアでは地政学的環境が全く異なるからです。

一方で、トランプ政権が中国と関税を巡って貿易で対立すると、日中関係が好転するかもしれません。

くい違う日本とロシアの主張

世界の未来予想図⑥

# 北方領土問題の打開の糸口はあるのか？

## 北方四島は日本固有の領土

2021年2月、ロシア外務省報道官のザハロワ情報局長は北方領土について「いかなる形であれ、このテーマを協議することさえできない。憲法があるからだ」と発言しました。「憲法」とは、この約半年前に改正・追加された「領土割譲禁止」条項のことです。

この発言を受け、日本のマスコミは返還について悲観的な報道をしました。

その一方で、日本は1855年にロシアとの間で「日露通好条約」が調印されて択捉《えとろふ》島とウルップ島の間に国境が確認されて以来、択捉島、国後《くなしり》島、色丹《しこたん》島および歯舞《はぼまい》群島からなる北方四島は、**一度も他国の領土となったことがない、日本固有の領土である**としています。

北方領土をロシアが実効支配しているとしても、あくまでも日本固有の領土であり、**北方四島の帰属問題に関してはロシアとの間で強い意志を持って交渉を行う**、という立場を日本政府は堅持しているのです。

なお、1956年の日ソ交渉で一時は歯舞と色丹の2島のみを日本に返還するという形で話はまとまりかけましたが、日本政府の方針転換もあり、結局その案は実現しませんでした。一説にはアメリカの横槍のせいといわれています。

## 北方領土を巡る日本とロシアの思惑

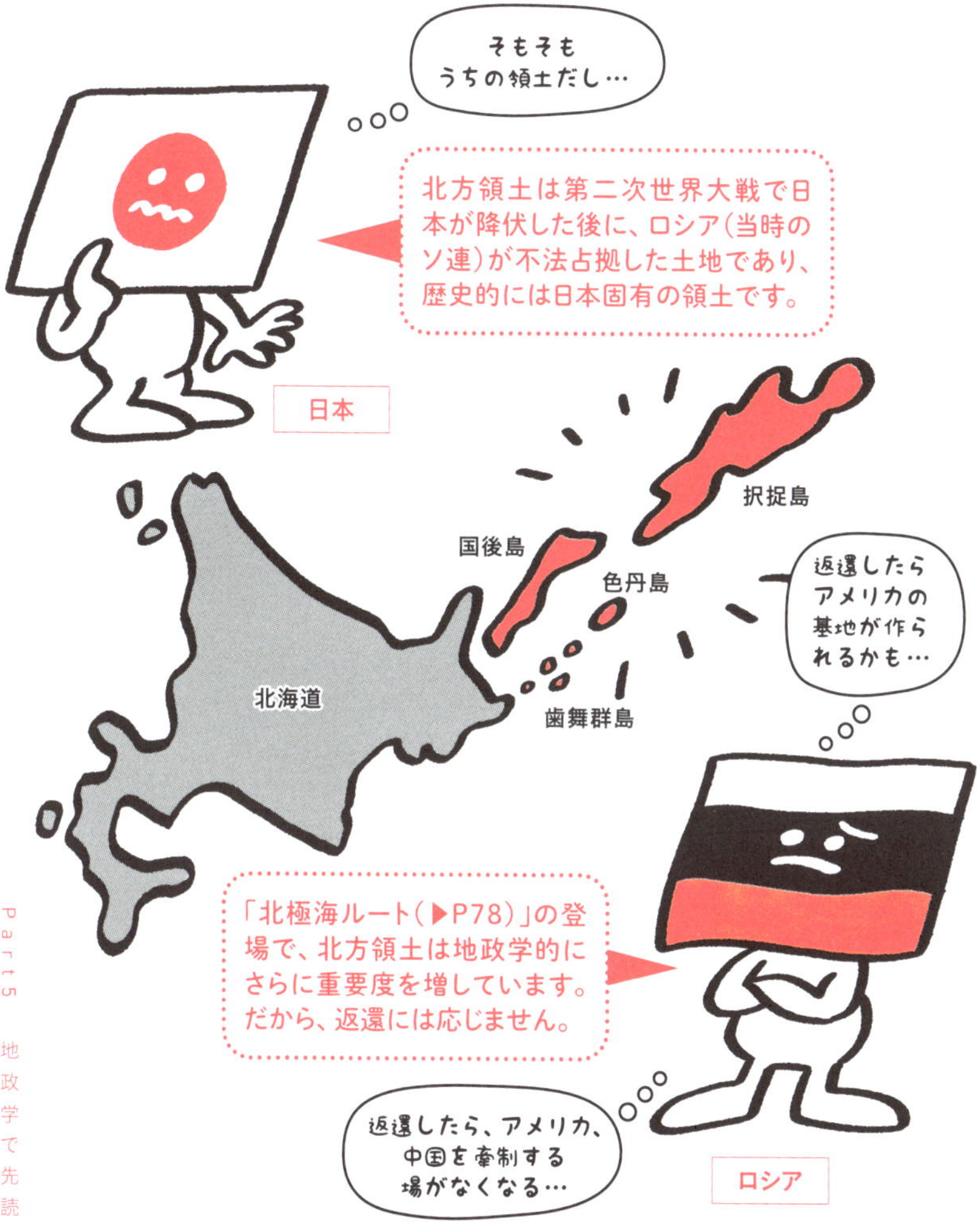


ロシアにとって、北方領土は地政学的には重要な場所。
そのため返還交渉は一筋縄ではいかないのです。

世界の未来予想図⑦

# 加熱する米中対立は本当に「新冷戦」なのか?

## 米中はもはや「冷戦」段階ではない!

理由 1

2018年、南シナ海で米中の軍艦が超接近

### 冷戦というよりは「熱戦」間近?

アメリカと中国の対立を「米中新冷戦」と呼ぶ人が増えているようですが、「冷戦」という言葉は「戦争にはならない」という意味です。軍事力が均衡していた米ソの冷戦については、(ベトナム戦争、朝鮮戦争は例外として)確かにそうでした。しかし、**昨今の米中対立も「戦争にならない」状態だといえるでしょうか。**

たとえば、2024年、中国が開発を進める南沙《なんさ》諸島を含む南シナ海に米軍がミサイル駆逐艦を派遣し、「**航行の自由作戦**」を実施し

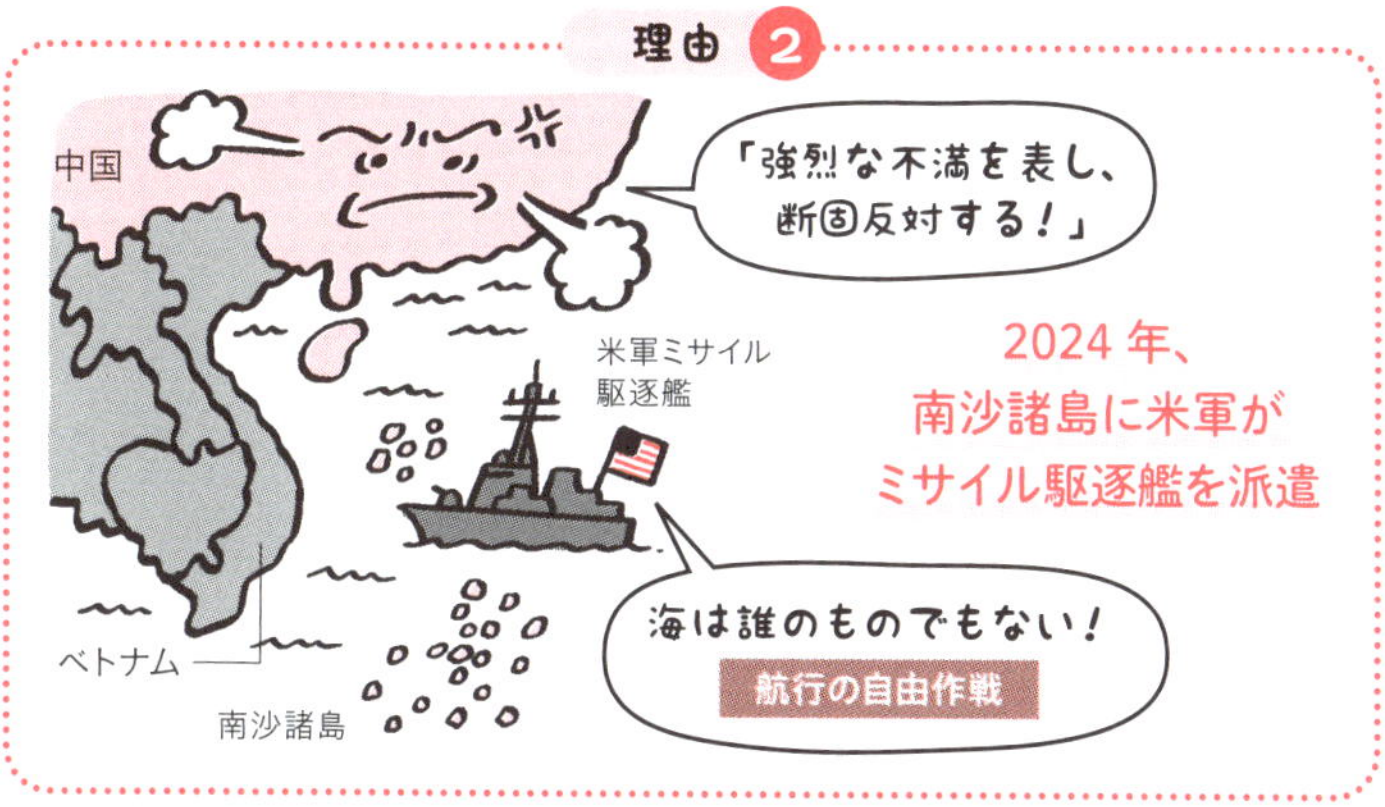


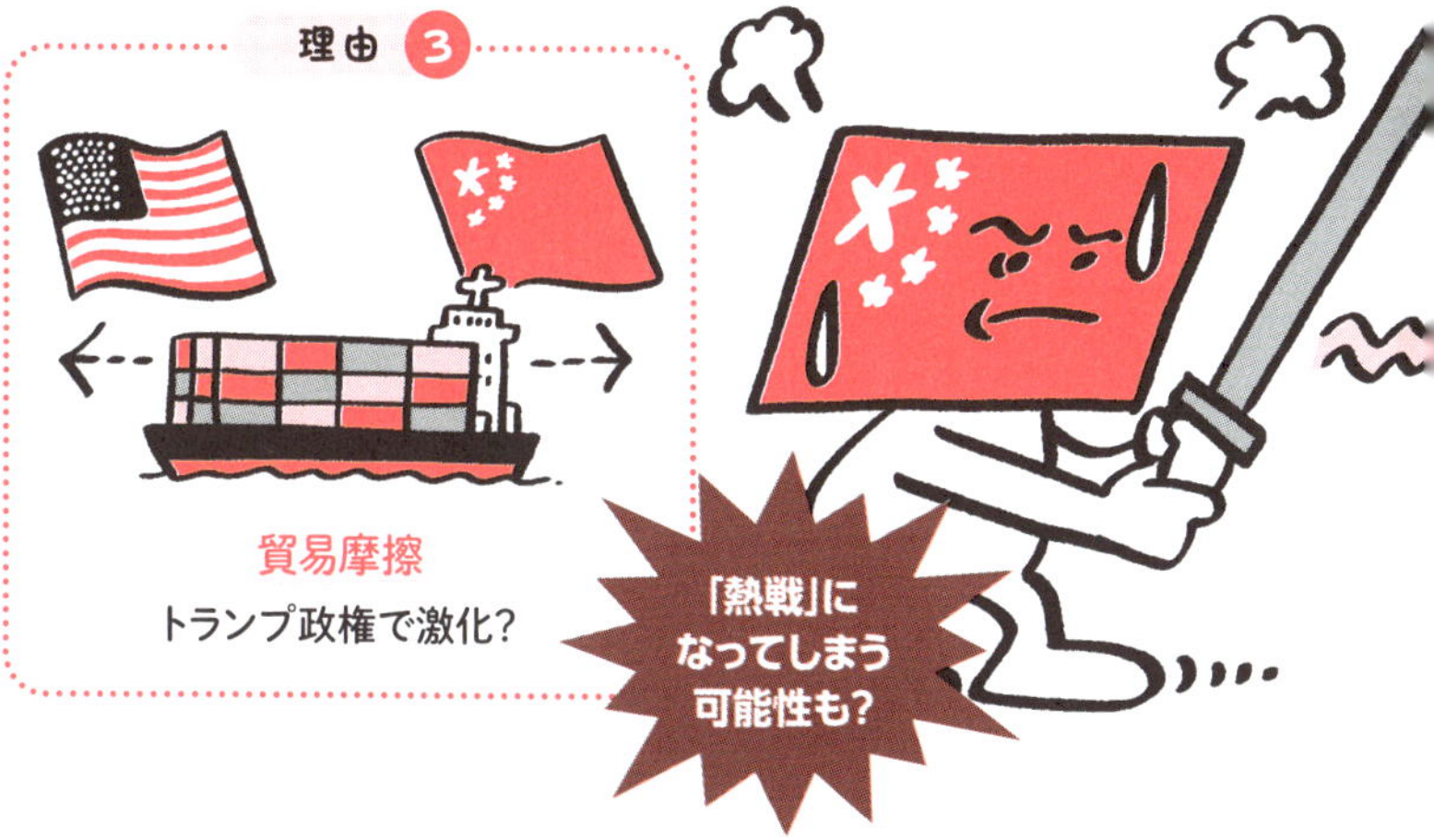


ました。2018年には同じ海域で、米中の軍艦が異常接近するというトラブルもありました。空軍機のニアミスも報告されています。

このような際、決して冷静とはいえない中国軍との間に、偶発的な衝突が起こる可能性は少なくともゼロとはいえないでしょう。

そしてまた、加熱する米中貿易摩擦も、「冷戦」と呼べない理由のひとつになっています（トランプ新大統領は中国製品に60%の関税をかけると公言しています）。

**米中対立は「冷戦」から「熱戦」に移行しようとしているといえるかもしれません。**

米中両大国の一騎打ちに!?

世界の未来予想図⑧

# これからの覇権を握る国は?

## アメリカの覇権は揺るがない?

新型コロナウイルスによるパンデミックは、世界経済に多大な損失を与えました。死者は約680万人を超えたといわれています。

アメリカのトランプ大統領は前回の任期中、新型コロナウイルスを「チャイナウイルス」と呼び、名指しで中国を非難。米中間の緊張をさらに高めました。

果たして、このパンデミックが去った後、国際情勢はどのように変化していくのでしょうか。新たな覇権国家は現れるのでしょうか。

結論をいえば、「世界の警察官」と呼ばれていたかつてほどの力はないにせよ、**アメリカの覇権は揺るがないでしょう。**なぜなら、アメリカに対抗できる国が他にないからです。中国が追い付き追い越せとがんばっているように見えますが、それでも**名目GDPはアメリカの約6割**。国民一人あたりの数値では、アメリカの8万2715ドルに対して1万2597ドルと、**わずか7分の1以下に過ぎないのです**(日本は3万3899ドル)。

さらに**軍事力に至っては、中国はアメリカの足元にも及びません。**

アメリカの影響力が相対的に弱くなっているのは事実ですが、アメリカが覇権を維持し続けるでしょう。

## アメリカの覇権は今後も続く

### 世界全体に占める各国の名目GDP比

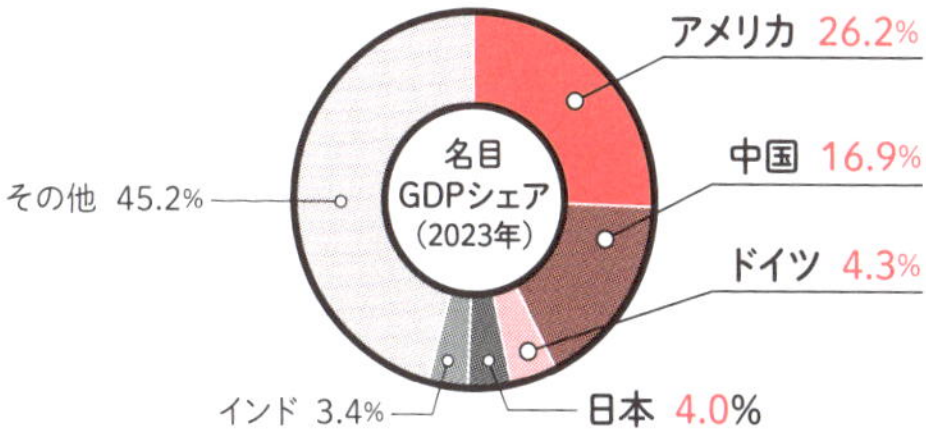
名目
GDPシェア
(2023年)
アメリカ 26.2%
中国 16.9%
ドイツ 4.3%
日本 4.0%
インド 3.4%
その他 45.2%

**Point**
2010年に日本を抜き、世界第2位の経済大国になった中国。それでもアメリカの約6割にすぎない…。

（出典：2023年のIMF統計）

**GDPとは？** 一定期間内に国内で産み出された物やサービスの付加価値の合計のこと。

アメリカ
国民1人当たりGDP
8万2715ドル
7位
中国
同GDP
1万2597ドル
73位
いやいや、コロナは「アメリカ病」だ！
コロナは「チャイナウイルス」だ！
日本
同GDP
3万3899ドル
34位

（出典：IMF）

中国が勢いを増すも、対抗馬になるまでには至らず…
シーパワー国家・アメリカ一強時代は今後も続く

### Column トランプ復活後の日本の役割

再びトランプ政権になった以上、アメリカと中国の対立が経済・軍事・IT技術などの領域で深刻化していくことは間違いありません。こうした情勢で日本が取るべき道は、アメリカと中国の緩衝材になって、両国の関係の安定化に寄与することではないでしょうか。

おわりに

# 「非日常」が「日常化」する時代に

２０２４年11月５日に行われたアメリカ大統領選挙で共和党のドナルド・トランプ候補（元大統領）が当選しました。トランプ氏はロシア・ウクライナ戦争の終結に向けて動き出しています。現実的には、ロシアがウクライナ領の約20％を占領している現状を追認する形で、停戦を実現することになるのではと見ています。力によって既存の国際秩序を変化させようとしたロシアのウラジミール・プーチン大統領に有利な環境が生まれるということです。トランプ大統領の下でアメリカの外交も内政も大混乱を来たすでしょう。

アメリカ以外の世界各地でも大混乱が生じています。韓国では、２０２４年12月３日深夜に尹錫悦《ユンソンニョル》大統領が非常戒厳を宣言しましたが、議会と世論の反発に怯んでわずか６時間で撤回しました。その後、韓国の内外政は麻痺状態に陥りました。韓国の混乱が、北朝鮮、中国、ロシアを含む北東アジアの安全保障に悪影響を及ぼすことは必至です。

12月にはシリアの反政府武装勢力が首都ダマスカスを制圧し、バッシャール・アサド大統領は辞意を表明した上でロシアに亡命しました。50年にわたるアサド父子による独裁に終止符が打たれましたが、宗教と部族で分断されたシリアが今後、大混乱に陥る可能性があります。

本来、有事は非日常的事態ですが、これからは国家間の武力紛争、内戦、テロ組織と国家の対立などの有事が日常化する可能性があります。本書は**非日常が日常化する国際情勢を理解する上での優れた参考書**です。本書の知識を活用して、東アジアでは絶対に戦争を起こさないようにすることが日本国家の最重要課題です。一人の有識者として、私も平和を維持するために全力を尽くしたいと思います。

佐藤　優

【参考文献】


『マッキンダーの地政学』
ハルフォード・ジョン マッキンダー、曽村保信訳 ／ 原書房

『スパイクマン地政学』
ニコラス・スパイクマン、渡邉公太訳／芙蓉書房出版

『マハン海上権力史論』
アルフレッド・T・マハン、北村謙一訳／ 原書房

『世界最強の地政学 』
奥山真司／文春新書

『地政学から読み解く米中露の戦略』
佐藤優（監修）／別冊宝島

『最新図解　いちばんやさしい地政学の本』
沢辺有司／彩図社

『図解でわかる　14歳からの地政学』
インフォビジュアル研究所、鍛冶俊樹（監修）／太田出版

『サクッとわかるビジネス教養　新地政学』
奥山真司（監修）／新星出版社

『現代の地政学』
佐藤優／晶文社

『佐藤優の裏読み！ 国際関係論』
佐藤優／毎日新聞出版

『図解でよくわかる　地政学のきほん』
荒巻豊志（監修）／誠文堂新光社

『コロナ後の世界的ビジネス教養がゼロからわかる！
地政学見るだけノート』
神野正史（監修）／宝島社

『世界のニュースがわかる！　図解地政学入門』
髙橋洋一／あさ出版

『戦争の地政学』
篠田英朗／講談社現代新書

『第三次世界大戦はもう始まっている』
エマニュエル・トッド、大野舞訳／文春新書

「ウクライナの国家建設の挫折」
松里公孝（黛秋津編『講義　ウクライナの歴史』山川出版社・所収）

『軍事力で平和は守れるのか』
南塚信吾他／岩波書店

『プーチン、自らを語る』
N・ゲヴォルクヤン 他、高橋則明訳／扶桑社

『増補版 プーチン政権の闇』
林克明／高文研

『ゼレンスキーの素顔』
セルヒー・ルデンコ、安藤清香訳／PHP研究所

『イスラエル』
臼杵陽／岩波新書

『パレスチナ』
エリアス・サンバー、飯塚正人監修、福田ゆき他訳／創元社・知の再発見双書

『ガザ通信』
サイード・アブデルワーヘド、岡真理他訳／青土社

『「和平合意」とパレスチナ』
土井敏邦／朝日選書

『世界史の中のパレスチナ問題』
臼杵陽／講談社現代新書

『21世紀のイスラム過激派』
ジェイソン・バーク、木村一浩訳／白水社

『シーア派とスンニ派』
池内恵／新潮選書

『トランプ大統領で「戦後」は終わる』
田原総一朗　角川新書

『現代台湾クロニクル　2014-2023』
近藤伸二／白水社

『トランプ報道のフェイクとファクト』
立岩陽一郎／かもがわ出版

『アメリカ・北朝鮮抗争史』
島田洋一／文春新書

『「北朝鮮の脅威」のカラクリ』
半田滋／岩波ブックレット

『中国の大戦略』
ラッシュ・ドーシ 、村井浩紀訳／日本経済新聞出版

<STAFF>
編集協力　佐藤裕二（株式会社ファミリーマガジン）
執筆協力　髭郁彦、水野春彦、苅部祐彦
カバーデザイン　西垂水敦・岸恵里香（krran）
本文デザイン　三森健太（JUNGLE）
カバー・本文イラスト　川原瑞丸
DTP　柚木公徳（Sorairo）
校正　山本尚幸

監修：佐藤 優（さとう・まさる）
1960年、東京都生まれ。作家、元外務省主任分析官。1985年、同志社大学大学院神学研究科修了。外務省に入省し、在ロシア連邦日本国大使館に勤務。その後、本省国際情報局分析第一課で、主任分析官として対ロシア外交の最前線で活躍。2002年、背任と偽計業務妨害容疑で逮捕、起訴され、2009年6月に執行猶予付き有罪確定。2013年6月、執行猶予期間を満了し、刑の言い渡しが効力を失った。『国家の罠 外務省のラスプーチンと呼ばれて』（新潮社）で毎日出版文化賞特別賞受賞。『自壊する帝国』（新潮社）で新潮ドキュメント賞、大宅壮一ノンフィクション賞受賞。

いまと未来を読み解く！
新 地政学入門
2025年2月18日　第1刷発行

監　修　佐藤優
発行人　川畑勝
編集人　中村絵理子
編集担当　神山光伸
発行所　株式会社Gakken
〒141-8416 東京都品川区西五反田2-11-8
印刷所　中央精版印刷株式会社

●この本に関する各種お問い合わせ先
・本の内容については、下記サイトのお問い合わせフォームよりお願いします。
https://www.corp-gakken.co.jp/contact/
・在庫については　Tel 03-6431-1201（販売部）
・不良品（落丁、乱丁）については　Tel 0570-000577
学研業務センター　〒354-0045 埼玉県入間郡三芳町上富279-1
・上記以外のお問い合わせは　Tel 0570-056-710（学研グループ総合案内）